国家社科基金
GUOJIA SHEKE JIJIN HOUQI ZIZHU XIANGMU
后期资助项目

课程改革作为话语实践：基于1923年课程改革的谱系学考察

Curriculum Reform as Discourse Practice:
Based on genealogical research on
the 1923's curriculum reform

叶 波 著

西南大学出版社
SWUP 国家一级出版社 全国百佳图书出版单位

图书在版编目(CIP)数据

课程改革作为话语实践：基于1923年课程改革的谱系学考察 / 叶波著. -- 重庆：西南大学出版社，2022.10

ISBN 978-7-5697-1456-2

Ⅰ.①课… Ⅱ.①叶… Ⅲ.①课程改革－研究－中国 Ⅳ.①G423.07

中国版本图书馆CIP数据核字(2022)第072865号

课程改革作为话语实践: 基于1923年课程改革的谱系学考察

KECHENG GAIGE ZUOWEI HUAYU SHIJIAN: JIYU 1923 NIAN KECHENG GAIGE DE PUXIXUE KAOCHA

叶 波 著

项目负责人: 李浩强
责任编辑: 张 昊
责任校对: 张 丽
装帧设计: 闰江文化
照　　排: 张 祥
出版发行: 西南大学出版社(原西南师范大学出版社)
网　址: http://www.xdcbs.com
地　址: 重庆市北碚区天生路2号
邮　编: 400715
电　话: 023-68868624
印　　刷: 重庆市骏煌印务有限公司
幅面尺寸: 165 mm × 238 mm
印　　张: 11.5
字　　数: 226千字
版　　次: 2022年10月 第1版
印　　次: 2022年10月 第1次印刷
书　　号: ISBN 978-7-5697-1456-2

定　　价: 68.00元

国家社科基金后期资助项目
出版说明

后期资助项目是国家社科基金设立的一类重要项目，旨在鼓励广大社科研究者潜心治学，支持基础研究多出优秀成果。它是经过严格评审，从接近完成的科研成果中遴选立项的。为扩大后期资助项目的影响，更好地推动学术发展，促进成果转化，全国哲学社会科学工作办公室按照“统一设计、统一标识、统一版式、形成系列”的总体要求，组织出版国家社科基金后期资助项目成果。

全国哲学社会科学工作办公室

序

范　蔚

（西南大学教育学部教授，博士生导师）

21世纪的前二十年，中国基础教育围绕教育的“公平与质量”开展了一系列积极实践，取得了令人瞩目的成绩。课程改革是教育改革中的关键部位和核心地带，课程的质量关乎每一位学生、每一位教师乃至每一所学校的发展，有关课程改革的研究对深化课程改革和繁荣有中国特色的课程理论有着十分重要的意义。

叶波博士从2008年到2014年，跟我读完硕士和博士，他多数时候沉稳内敛、敏思慎言，也时不时幽默风趣、文采飞扬，师门活动中的关键角色，运动场上的最佳选手，家庭里的慈父贤夫孝子仁兄……读研期间，他一直都是非常自觉主动且有成效地开展学习，日积月累的不只是学识见闻能力，更有独立思考、敢于质疑、勇于探索、不畏艰险的学术精神。记得无论是硕士学位论文，还是博士学位论文选题与答辩，他都遇到过专家的质疑，面对质疑是退缩适应，还是积极面对？叶波自然是选择后一种！现在想来，正是专家们的质疑问难，才促发了叶波对学术问题的深究与探索，才催生了他多篇高质量论文的公开发表，也促成了这本专著的付梓。

专著《课程改革作为话语实践：基于1923年课程改革的谱系学考察》是叶波在他博士学位论文的基础上开展的进一步深化研究，此项研究也被批准为国家社科基金后期资助项目。这本著作选取1923年的课程改革为研究对象，运用谱系学的视角与方法，探究1923年的课程改革是如何得以发生的，从一个新的角度探讨课程改革的实质及发生机制。作者将1923年的课程改革放置于大的时代背景之下进行全景式的勾描，便于读者用系统整体和有机联系的思路去理解这样一次课程改革；又对1923年课程改革中的关键人物和重要事件等展开了工笔式的细描，便于读者透过事实和表象去理解课程改革的影响因素和运行机制。在此基础上，作者运用谱系学的思想方法，从知识、权力与身体的关系上去理解“课程改革意味着什么”，指出课程改革作为社会历史情境中的一种课程话语建构，阐明了作者的个人思考和独到见解，有助于引发读者去关注和思考历史或现实中的某一次课程改革，更好地理解课程改革。

任何一次课程改革都是唯一的，也不可重复、无法复制，我们对课程改革史的研究，不是为了探明某些具有普适性的原理或法则，而是为了理解历史、体验历史，能够看清某次课程改革的来龙去脉，理解影响课程改革的各种因素，明了课程改革的运行机制，确认这次课程改革的实际成效以及历史意义。这样的课程改革史研究，对提高认识、启发思考及增长实践智慧是十分必要的。叶波的这本著作在课程改革史研究上做出了一次有益的尝试和积极的探索。

课程史研究是一项费时费力的精细活儿，充满艰辛、困难与挑战。首先是看见历史，意味着要广泛搜集资料和深入研读资料，也意味着可能资料有限或解读困难；其次是看透历史，意味着要追根溯源和旁征博引，也意味着“工程”巨大而细微，来不得半点虚假。我国目前真正开展课程史研究的学者并不多，作为一名青年理论工作者，愿意“坐冷板凳”，敢于“啃硬骨头”，其精神和勇气是可嘉的。

课程改革一直在路上，作为一名课程理论工作者，能够赶上这样一个令人振奋又充满挑战的时代，能够通过自己的学术探究为课程理论研究和当前的课程改革实践做出自己的努力，无疑是幸运且有意义的。

作为一项新的学术探究和个人化的学术表达，此书必定还有进一步深究和完善的可能性，希望能得到专家同行的指正与引领，也希望有更多的读者，能够围绕“课程改革”这一主题产生更多的思考、交流与共鸣。

2022年6月24日

目录

CONTENTS

导论

探寻现代中国课程的历史谱系

从思想观念的角度来看，“现代”与“中国”显然并不只是指涉时空、用以修饰“课程”的某种称谓，而是一种时代意识、一种心理认同、一种身份确认。当人们用带有时空意蕴的语词修饰“课程”时，它必然地意味着在人们思想观念的深处，有特定且需要加以区分的参考物。人们试图通过不同的语词，来表达有别于参考物的集体意识。这一参考物或是时间序列上的古今之别，又或是空间意义上的中西之分，又或是两者兼而有之。但无论如何，当人们言说现代中国课程时，总试图表达某种具有差异性的思想基调，从而构建关涉每个人身体及命运的课程空间。这种思想基调的确立和课程空间的构建，在某种意义上，就构成了惯常言及的“课程改革”。就本书而言，“现代中国课程”这一当下课程空间构建基点的思想基调，究竟包含着怎样的自我认同与自我确认，又是在何种条件下历史地形成的？正是本书的核心问题所在。对这一问题的回应，不可避免地会涉及对“什么构成了课程改革，课程改革意味着什么”这一具有普遍性的理论问题的阐释。

第一节　两种历史观中的课程改革解读

一、“历史主义”的危险与失败

显而易见的是，在已经过去的20世纪，课程作为教育的核心，伴随教育改革此起彼伏的浪潮也在不断地发生着改革。这种以不断进行改革，不断发生变化的教育变革为特征的20世纪，被形象地描述为“躁动的百年”[①]。而今，当我们置身于21世纪，虽然无法对这即将展开的百年做出充分的预估，但就已经成为过去的二十年而言，在这个终将完全打开的百年的序幕阶段，改革毫无疑问地成了主旋律。以中国为例，在过去不到二十年的时间里，不仅在国家层面启动了新中国历史上第八次基础教育课程改革，更在此后数次对课程标准、教科书制度、考试评价制度等做出局部或全局性的调整，以应对快速而急剧的社会变迁和不断出现的教育问题。除此以外，来自不同学术团体和民间力量的课程改革探索，更是雨后春笋般不断涌现。究其缘由，当然有应对外部挑战的考量，但现代性的文化模式显

① 陆有铨：《躁动的百年——20世纪的教育历程》，山东教育出版社，1997，第1页。

然也是一个无法忽视的重要维度。现代性的文化模式营造了一个绝对理性不断展开的美好图景。在这个图景中,不仅假定了理性的绝对力量,更有着人性不断进步的人本主义想象,以及由此带来的历史不断进步的宏大叙事。正因如此,改革似乎就是某种具有终极意义的"绝对理念"渐次展开并不断完善的过程,它是线性的、寓意着进步和发展的历史进程。无论是世纪之初"三维目标"对"双基"的取代,还是新近"核心素养"对"三维目标"的"突破",人们似乎总能从中寻找到一些蛛丝马迹,以说明这些不同话语之间内在的联系及区别。通过这样一种既具有连续性又具有突破性的叙事,呈现出一派课程蓬勃发展并不断趋于完善的美好意象。

带有浓郁"历史主义"色彩的课程改革解读显然具有激动人心的力量,它不仅在历史内部预设了关于课程的高尚起源,更在历史的连续性与整体性中,使课程的演进有了同一的目的和预设的路径,其间没有偏差、改道和异质的元素。于是,在回溯近代以来中国课程改革的历程时,以1922年新学制与新课程改革、2001年基础教育课程改革和2015年核心素养下的课程改革作为重要节点的百年课程改革都可以被纳入"教育民主化运动"的整体进程之中。不仅如此,胡适、陶行知、黄炎培、晏阳初、陈鹤琴等老一辈教育家也可以成为"教育民主化运动的宏伟历史画卷"的主笔者,甚至孔子、朱熹、王阳明,也是有待被汲取"智慧传统"精华的来源。[①]当然,这不过是关于现代中国课程历史演进的一种解释而已。类似的,我们还可以给现代中国课程赋予更多可能的"起源",诸如"儿童本位""人的发现""生产力"等,进而使现代中国课程成为朝向"儿童发现""人的解放""生产力"等终极追求的特定形态。无论如何,一种"历史主义"的课程改革及其演进历程的解读,总会做出美好图景的许诺,令人期许。

波普尔(Karl Popper)曾系统批判过这种令人期许的历史主义。他指出:"我只要说我所谓的'历史主义'是指一种社会科学的研究途径,它认为历史预言是它的主要目的,并认为通过揭示隐藏在历史演变之中的'节奏''类型''规律'和'趋势'就可以达到这一目的。"[②]这一并不复杂的论述事实上呈现了历史主义的三个内在因素,并且它们确实构成了波普尔另一本作为姊妹篇的《开放社会及其敌人》中的主要话题。历史发展的规律性、依据规律对历史发展的预言以及可以被达成的预言,分别对应了作为历史主义内在因素的"本质主义""乌托邦"和"极权主义"。恰恰是波普尔所要批判的上述三个方面,构成了历史主义的危险所在。事实上,如果现代中国课程确

① 张华:《核心素养与我国基础教育课程改革"再出发"》,《华东师范大学学报(教育科学版)》2016年第1期。
② [英]卡尔·波普尔:《历史主义贫困论》,何林、赵平译,中国社会科学出版社,1998,第7页。

实沿着某种预设的轨道，从一个特定的起源出发，严丝合缝地演进至今，那么，谁会成为这个特定起源的代言人，谁又会被排除在这特定的起源与预设的轨道之外，成为课程演进的旁观者和承受者？当然，问题并不在于“谁”，而是无论是“谁”，都必然地意味着另一部分人对课程理应担负的责任的放弃。

抛开可能的理论风险，如果我们将目光投向当下的课程空间，历史主义的解释或许会遭遇更加令人沮丧的现实。近年来，一股“民国教育热”的风潮悄然兴起，与之对应的，则是我们现实地涉身其中的课程，依然有诸多根本性的问题有待解决。社会学家哈布瓦赫（Halbwachs）曾指出：“我们关于过去的概念，是受我们用来解决现在问题的心智意象影响的，因此，集体记忆在本质上是立足现在而对过去的一种重构。”[①]对民国教育的集体追忆，甚至将百年前的课程教学追捧为某种典范，这一思潮的问题关键并不在于民国教育是否像我们所“追忆”的那样，历史性地实在过，而是在人们“追忆”这现实地发生的行为之中，蕴含着对当下课程的不满以及对理想课程的可能表达。“应试主义”“学业负担”“综合素质评价”“问题解决”“创新能力”等一系列概念及其所表现的现象与问题如甩不开的牛皮糖般，黏附于现代中国课程空间中，成为难以摆脱的“标签”。以此来看，历史主义式的课程改革的许诺似乎没有获得兑现，课程并未在预设的轨道上获得令人期望的“进步”。当然，这种课程现象并不独为中国所有。美国课程专家丹尼尔·坦纳（Daniel Tanner）曾以“改革像不像摇荡的钟摆”为题，描述了美国的课程改革。无独有偶，英国学者霍尔斯特德（Mark Halstead）在他关于道德教育价值观的探讨中，也揭示了教育和课程在不同模式与价值观念之间的摇摆。一部由“课程改革”累积而成的课程变迁的历史，究竟是一个完美图景的持续不断展开，还是带有周期性的历史循环？历史主义大约是难以给出确切的答案的。

二、“修正主义”的突破与困境

课程改革的发生意味着课程话语的重构。当然，这一说法可能会遭到历史主义者的反对。在历史主义的理论视野中，课程改革不过是某些本质之物（如绝对理念）的持续展开，所谓“重构”或许并不存在。然而，历史主义在理论上的危险性和面对现实时的无力感，催生了新的理论解释范式，即“修正主义”。

---

① [法]莫里斯·哈布瓦赫：《论集体记忆》，毕然、郭金华译，上海人民出版社，2002，第59页。

从“历史主义”到“修正主义”的理论范式转型，首先和哲学的语言学转向有关。继维特根斯坦(Johann Wittgenstein)将语言哲学的重心从分析语言的逻辑性质转向分析语言的实际功能之后，关于语言的文化分析逐渐兴起，越来越多的研究尝试从历史、政治的角度，对语言曾发挥过的意识形态、利益角逐功能展开分析。语言不仅无法表征现实，甚至在某种意义上，语言会经常为一些特定的群体或意图所左右，扭曲、掩盖乃至控制现实。与之相关，关于知识与其他社会或文化存在关系研究的“知识社会学”，也因为20世纪60年代以来，西方社会充满纷争与冲突的现实而有了用武之地，并逐渐成为一种有效的框架，影响着社会科学乃至自然科学的各个分支。其中，马克思关于思想的社会决定的理论，无疑为知识社会学提供了最基本的原理。而其意识形态理论，更是经由曼海姆(Karl Mannheim)的吸收与融合，用以揭示知识背后复杂的社会关系。知识社会学虽然因其隐含的“相对主义”而招致不同的批评，但不可否认的是，思想(知识)和社会存在(社会结构、社会环境、社会建制)之间存在的隐秘联系，经由知识社会学的阐释已愈发显得明朗。

课程领域并非对此无动于衷。阿普尔(Michael Apple)就曾以“谁的知识更有价值”的不同提问方式，挑战了斯宾塞(Herbert Spencer)“什么知识最有价值”的经典命题。事实上，在“什么知识最有价值”式的命题中，隐含着的正是科学理性精神的观照、中立的准则与标准和“绝对理念”的指涉。当阿普尔以“谁的”作为标准，对知识价值做出拷问时，知识与特定利益主体便有了不可割裂的联系，并由此展现了改革的话语和特定的社会、政治和制度语境之间存在的某种隐秘联系。与此相关，伯恩斯坦(Basil Bernstein)从语言学角度对课程知识的语言编码做出结构性区分，以提示知识的社会控制功能。麦克·杨(F. D. Young)视课程知识为一种社会文化建构，意在展现社会结构与社会知识选择之间的隐秘联系。布迪厄(Pierre Bourdieu)则以“文化再生产”理论，说明课程知识选择中符号蕴含的“暴力”及其对社会阶级结构的合法化意义。凡此种种，无不意在说明，课程绝不是仅存在于教育之中的一块领地，它与更加广阔的社会有着种种或隐或显的联系。就此，弗莱雷(Paulo Freire)曾指出：“学校并非存在于与社会隔绝的真空之中，学校体现了渗入其组织的每一方面的集体态度。”①

如果说上述关于课程知识社会性的考察，仅仅是针对课程之中的知识所给出的。那么，在课程史领域，克利伯德(Herbert Kliebard)对1893至

① Paulo Freire, 1973: Pedagogy of the Oppressed, New York: Seabury Press.

1958年间美国课程历程的勾勒，则明确指出了“关于课程”的“知识”（或“思想”）的社会意味。在这本名为《1893~1958年的美国课程斗争》一书的前言部分，克利伯德引用凯斯特勒（C. Kaestle）的一段话以表明自己的历史主张和对课程改革有关知识的看法：“保守主义者认为，学校系统是民主进步的典型代表。但激进的修正主义对此持否定态度，学校系统表现了官僚阶层强加给工人阶级的社会控制，最近，一些历史学家强调学校系统是不同阶级和利益群体相互冲突的结果。”克利伯德表示，虽然他在这本著作大体完成之前，没有机会去检视自己的历史观念，但凯斯特勒新近关于学校的思想“基本准确地表达了他想尝试的”①。事实上，克利伯德正是以“知识社会学”为基本框架，展示了美国社会在1893至1958年间，拥有不同意识形态的利益群体，在课程领域中轮番上阵、彼此角逐与争斗的景象。

无论是“课程之中”的知识的社会性考察，还是“关于课程”的知识（或思想）的社会性考察，这一从关注课程的中立性、客观性、进步性到关注课程的价值性、意义性、政治性的研究路径转换，事实上构成了课程研究的“文化学路向”②。在研究者们看来，当看似客观中立的课程言说与知识中潜在的、隐藏着的意识形态、社会控制、利益集团以及阶层、性别、群体等，通过社会学的分析浮出水面之时，似乎就已经完成了关于课程的“批判”与“反抗”，从而能够走向通达人的“自由”与“解放”的康庄大道。然而，这种聚焦于抽象群体的“批判”，从批判者的主体身份来看，其是否及何以可能成为那些被压迫的群体的代言者，是值得警醒的。女性主义批判教育学的倡导，大抵正是因为类似的理由。毕竟，这些源自知识、语言中的“力量”，最终作用且能够被切实体验到的，不是那些置身事外的“旁观者”，更不是那些看似作为承受者的“阶级”和“群体”，而是实实在在的、具体的为课程所运作的身体。

三、第三条道路的必要性

在科学理性精神的观照中，课程改革或许可以被理解为具有终极意义的“绝对理念”的展开，并成为指涉进步与发展的不断完善的过程。随着课程研究的社会学解读不断涌现，课程改革更多被视为是从特定利益主体的

① Herbert . M. Kriebard, 2004. The Struggle for American Curriculum: 1893-1958 , New York: Routledge Falmer, p. xvii.

② 黄忠敬：《课程研究的文化学路向》，《南京师大学报（社会科学版）》2005年第6期。

决策、行动和认识中涌现出来的产物，展现的是改革与社会、政治和制度语境之间的隐秘联系。然而，这并不是我们诠释课程改革的全部方式，以至于认为“课程改革”及关于改革的“知识”无需再做深入的揭示。我们至少可以做以下追问，以提醒上述两种观点中存在的潜在冲突：如果改革是依据科学理性建构的某种结构性规则而发生的，那么，这种结构性规则是如何能够成为自主实体，从而具有像真实的行动者那样“行为”的能力呢？行动者的立场何在？如果改革是由不同利益主体通过持续不断的权宜行为构成的，课程仅仅是这些主体决策、认知和行动的产物，那么，这些利益主体在建构新课程的活动中，其所运用的范畴又源自何处？事实上，诚如布迪厄所指出的那样：“一种关于社会的总体性科学，既必须摒弃那种将行动者‘打发去度假’的机械结构主义，又必须杜绝目的论个人主义。”[①]以此观照，“历史主义”这一偏向于客观主义的探寻方式，和“修正主义”这一偏向于主观主义的探寻方式，都因其方法论上的一元性而有着难以克服的局限。

问题并不限于此。知识（思想）的社会学解读，有力挑战了课程改革的客观性及其价值中立性，揭示了看似客观理性的改革话语背后交织的复杂的社会政治关系及其斗争，开启了课程研究的文化转向。但必须指出的是，这一转向是不彻底的。这种不彻底性，和知识（思想）社会学解读的权力假设是相关联的。无论是“谁的知识更有价值”，又或是利益群体的斗争，在作为“谁”的“利益群体”的背后，实质上均假定了一种带有压制性的、作为实体而存在的权力，它关注的问题是“权力拥有”。但权力是如何弥散性地存在于社会生活的一切关系与行动中；如何作用于每一个处于特定时空中的具体的人，并穿透个体的身体，影响每一个具体的人的认知、感受与行动，这些问题并没有获得应有的重视。这种以抽象的群体与阶级对于权力的“拥有”，掩盖了权力具体运作的理解，事实上可能会带来更大的遮蔽。为此，问题的关键并不在于追问“谁的”，而是在于追问“如何”。权力是以何种方式进入个体的知识库存，进而建构着每一个个体的行动意义，无疑是至关重要的。

因此，问题解决的路径既不在于如“历史主义”者那般，全然无视课程改革背后所蕴含的利益纷争与权衡，追问具有客观主义倾向的“什么知识最有价值”；也不在于如“修正主义”者那般，一味强调作为利益主体的自主行动能力，追问带有主观主义倾向的“谁的知识最有价值”。问题可能更在

---

① [法]皮埃尔·布迪厄、[美]华康德：《实践与反思：反思社会学导引》，李猛、李康译，中央编译出版社，1998，第10页。

于，在特定的历史时期，某种课程改革主张作为一种课程改革的"知识"或"真理性认识"，是在何种规则与条件下，为"主体"所建构并获得认同的？对此，我们意图以"知识何以可能"式的提问，来展现对于"什么构成了改革，课程改革意味着什么"这一问题的不同思考。对这一问题的探索，尤其是突破前述客观主义与主观主义二元对立的方法论，对于增进关于课程改革的理解，深化对于课程改革的认识理应具有积极意义。

第二节　视角转换与目光下移：理解"现代中国课程"的路径

既然课程改革的发生有其需要依赖的知识（思想），且这种支撑课程改革得以发生并获得人们认同的知识（思想），并不是某种所谓的"绝对理念"的展开，亦不只是特定群体的利益诉求的表达，而是在特定的历史条件中，承载着权力等获得建构生成的。那么，于"现代中国课程"的理解而言，究竟包含着怎样的自我认同与历史建构？这种自我认同与历史建构，又是在何种条件下历史地形成并获得认同，进而在特定时代，成为切实作用于每一个置于课程空间中的人的"身体"的课程实践？这当然离不开具体的情境化分析，而不只是抽象意义上的普遍理论演绎。

对于这一问题的追问，很容易转化为现代中国课程形成的历史动因分析。恩格斯曾说过："正像达尔文发现有机界的发展规律一样，马克思发现了人类历史的发展规律。"[①]马克思主义关于历史规律的揭示和阐释，无疑极大地激发了人们关于历史的想象。在此影响下，寻求和掌握社会发展的必然规律，进而以此种"客观真理"解释和改造社会自然成为众多历史研究的目的所在。若此，现代中国课程的历史探寻，无非是在"课程演变轨迹中，寻找一些带有规律性的历史经验"[②]，以为当下的课程改革提供有益的启示。

回顾已有的关于现代中国课程形成动因的阐释，大体上有两种不同的理论范式。一种较为接近中国近代史研究的"革命史范式"，以马克思主义关于社会主要矛盾的学说为主要研究视角，以生产力与生产关系、经济基

① 中共中央马克思恩格斯列宁斯大林著作编译局：《马克思恩格斯选集（第三卷）》，人民出版社，1995，第776页。

② 吕达：《课程史论》，人民教育出版社，1999，第6页。

础决定上层建筑等为基本原理，以阶级斗争为主要研究线索，对现代中国课程的形成历程展开研究。基于这一研究范式，现代中国课程实质上就是对社会生产力发展及与之对应的生产关系形成的某种呼应。另一种理论范式则是在中国教育史整体的“现代化范式”影响下展开的。这种理论范式侧重于将中国近代以来的课程改革看作是不断学习、借鉴西方教育经验，以改造、更新教育传统，努力赶上世界先进水平的过程。作为这一理论范式之核心的“现代”，有着科学、民主、实用和开放的特征。在此影响下，现代中国课程的形成，实质上就是一部传统课程不断解构和现代课程不断建构的曲折历程。徐雉、陈侠、吕达、郑航、任平、吴小鸥等一批学者关于近代中国课程演变发展历史的研究，田慧生、郑家福、彭泽平等关于1949年后我国课程发展历程的研究，正是从不同侧面绘制着上述两种理论范式的不同图景。

当我们使用源自托马斯·库恩(Thomas Kuhn)的“范式”这一概念，区分中国课程阐释的不同理论模式时，似乎意味着对库恩“范式”所具有的“不可通约性”[①]的接受。但事实上，关于现代中国课程历史阐释的“革命史范式”和“现代化范式”不过是源于同一理论源头的不同支流而已。对此，美国学者德里克指出：“范式危机”并不是一种“范式”取代另一种“范式”，而是说“现代化范式”的出现，使“革命范式”支配中国近代史研究的局面为之改变。[②]由此可见，现代化范式并不是以排斥革命史范式的姿态出现的，而是一种包括革命在内，包含现代生产力、经济发展、政治民主、社会进步等在内的综合分析框架。二者的区别，不过是以生产力与生产关系的矛盾学说为基调，在阶级斗争的一元历史发展观和承认生产力是社会变革根本动因的前提下，同时关注生产方式、社会形态多向度和动态特征的“一元多线历史发展观”之间的分野。从两种不同范式的基本主张来看，二者共同持进步、历史主义和科学化的历史观念。由此，近代以来，通过不断的课程改革而诞生的“现代中国课程”，自然就成了特定时代阶级斗争获得胜利的标志性产物，又或是变革农业社会课程以建立现代工业社会课程，从而将近代中国纳入世界历史进程的总体之中，赋予其现代化意义的一种象征。

从具有普世意义的现代化进程视角来审视近代中国课程，似乎不可避免地会带来一种“外在视角”式的解读。这一解读视角蕴含着马克斯·韦伯(Max Webber)式“传统—现代”“西方—非西方”的二元对立的时空框架。

① [美]托马斯·库恩：《科学革命的结构》，金吾伦、胡新和译，北京大学出版社，2003，第23页。

② 董正华：《从历史发展多线性到史学范式多样化——围绕以“一元多线论为基础的现代化范式”的讨论》，《史学月刊》2004年第5期。

由此，“近代化”与“西化”几乎等义。这一西方中心式的解读方式的问题，不仅在于其将中国等非西方国家置于“他者”的位置上，更在于它未能洞察中国文明内部的复杂性，也没有发现传统与现代之间可能具有的延续性。近代中国课程研究视角“由外向内”地进行转换，正是要在柯文(Paul Kohen)所说的“从中国而不是从西方着手来研究中国历史，并尽量采取内部的(即中国的)而不是外部的(即西方的)准绳来决定中国历史哪些现象具有历史重要性”的“中国中心取向”①的意义上对近代中国课程的历史展开考察，从而使那些在传统与现代、西方与非西方二分框架中处于沉默的声音，能够得到正面的对待。

这样一来，关于历史的研究，就会从过去致力于发现某种绝对理念的逻辑展开，转向描绘更加历史真实的经验冲突图景。具体到近代中国课程历史的研究而言，则是从过去“科学研究”的范式，转向关注课程改革变化于现实、于“人”本身的意义，从而采取文化分析的研究取径。诚如克利福德·格尔茨(Clifford Geertz)所言：“对文化的分析不是一种寻求规律的实验科学，而是一种探求意义的解释科学。”②基于此，将课程视为文化的载体，进而“以历史的话语去阐释课程选择背后交织的复杂的文化传统与现代化的悖论、科学与人文的价值冲突、文化霸权与意识形态的权力斗争等等问题”的研究取径，对于中国这样一个后发现代型国家而言，自然有着特殊的意义。不同于基于外部视角的近代中国课程历史研究，关注近代中国课程改革背后的文化冲突及其融合，事实上是将研究视角转向了中国自身，从而试图在传统文化如何陷入沉默，何以可能获得延续等基本问题的探求中，展现近代中国课程改革的文化路向。

这种以“发现中国”为意旨，试图阐释近代中国课程改革的文化意义，揭示其内在理路的研究取径，因其研究视角“由外向内”的转换，将不可避免地更加关注近代中国课程改革中的文化选择及其偏差，从而展现出中国传统文化相较于西方现代文化的某种特性，为其能否实现现代转化提供必要的依据；又或是关切近代中国课程改革的文化动因，寻求现代中国课程何以可能如此的意义与后果阐释。近代中国课程改革历史研究的这一文化转向，正是本书得以开展的必要理论背景。不同之处在于，本书并不打算通过对近代中国课程的分析，揭示使其得以发生的文化观念和文化特性，而是立足于近代中国的具体情境，对课程改革话语何以可能生成、流通，进而发挥实践效应的问题展开脉络性的考量，致力于展现出近代中国

① [法]柯文：《在中国发现历史——中国中心观在美国的兴起》，林同奇译，中华书局，2002，第201页。

② [美]克利福德·格尔茨：《文化的解释》，韩莉译，译林出版社，1999，第5页。

课程改革及其所处历史境遇的复杂性，而不是基于传统与现代、中国与西方的二元框架，简单地将近代中国课程改革及由此建构的"现代中国课程"视为西方现代课程的注脚。对此，相关学者不无正确地指出："我们接受了西方近代以来的课程设置。可是，我们并不完全认同西方提出近代课程的理由。"[①]问题的关键在于，我们的理由是什么？我们的理由又是如何历史性地建构而成的？

面对这一带有思想史性质的问题，我们诚然可以采取以往那种在文本内部寻找意义的思想史探究取径，将思想从社会中剥离出来，或是仅仅将社会，尤其是社会的政治状况作为理解与评价思想的背景，来探讨近代中国某种课程改革学说内在的思想特性。然而，针对以上研究取径，我们有必要注意如下几个问题：其一，无论是人文社会科学领域的语言学转向，还是知识、符号的社会学解读的研究取径，都说明了关于课程改革的知识（思想）是具有"建构性"和"社会性"的，其背后交织着复杂的意识形态、权力关系和利益角逐。其二，对"现代中国课程"的兴起及其背后的知识（思想）的理解，不仅要跳出"西方与中国"二分语境下的挑战与应对，还要同时注重这一知识（思想）的本土逻辑与意蕴。其三，关于现代中国课程得以形成的知识（思想），如果仅仅聚焦于传统意义上重要人物的"思想"或具有上层意义的"制度"，显然难以展现"权力与知识"是如何成为具体的课程实践，并作用于每个身处其中的个体的。

事实上，当我们将目光投向更为广阔的思想史与文化史的相关研究时，一种标榜"新历史主义"（New Historicism）的理论探索，正一反那种"在文本内部寻找意义，以至于将语言、知识在社会较量或身体规训中扮演的种种功能全然抹去"[②]的做法，而倾向于在与社会史、政治史的紧密联系中对思想史做出考察。这样的研究取径，无论在西方汉学界，又或者是在当代中国的思想文化史研究中均不罕见。美国汉学家艾尔曼（Benjamin Elman）的《从理学到朴学：中华帝国晚期思想与社会变化面面观》正是在这一研究取径下展开的，他令人信服地表达了"一种居主流地位的学术话语要为另一种所取代，取决于众多社会和学术因素的相互作用"[③]的观点。而国内学者，如汪晖对近代中国"科学话语共同体"[④]的相关研究等，都当属此列。

① 施良方：《课程理论：课程的基础、原理与问题》，教育科学出版社，1996，第285页。

② John Brannigan，1988：New Historicism and Cultural Materialism，New York：St. Martin Press，p.3.

③ [美]艾尔曼：《从理学到朴学：中华帝国晚期思想与社会变化面面观》，赵刚译，江苏人民出版社，2011年，第28页。

④ 汪晖：《现代中国思想的兴起》，生活·读书·新知三联书店，2008，第1206页。

相对于思想文化史领域中上述研究取径的转向，近年来，在课程研究领域，课程的政治性、意义性与文化性，开始受到越来越多的关注。随着研究的不断深入，作为承受着语言、知识、符号之“暴力”的身体也开始引起研究者们普遍的兴趣。毕竟，任何一种有关课程的知识（思想），总不可避免地要从关于人的身体的“设定”开始，而所有的在课程改革的知识（思想）背后交织着的权力，最终也会不可避免地作用于人的“身体”。正因为此，在米歇尔·福柯所做的关于人的“身体”的研究实验之后，教育领域乃至课程领域中，关于“身体”的研究也呈蓬勃发展之势。毕竟，身体并不只是生理性的存在，而是社会性、历史性和文化性的存在。人的身体也并非存在于真空之中，而是切实地存在于由语言、符号所构筑的文化世界之中，语言“像鱼鳞一样紧紧贴住人的身体从而决定了人的活动界限”[①]。“现代中国课程”所包含的历史建构，显然会在“身体”上留下些许蛛丝马迹。

本书所要尝试的，正是这样一种文化研究实验。作为一种带有思想史性质的探究，本书“不是去追问那些被人说过的话里深藏着什么意义”，而是意图将课程改革视为一种话语实践，关注某种关于课程的观念得以被言说、传播、制度化的历程，以“揭露‘话语’主体的言说或分析‘策略’（strategy，不同于探求‘真相’的‘method’［方法］）、政治动机、价值预设及其实践功能”[②]。具体而言，即是分析作为“现代中国课程”之起点的1923年课程改革，是凭借着怎样的条件，如言说主体的想象、意志、欲望以及权力制度关系，得以将课程改革的目光聚焦于人的“身体”之上，作为其言说条件的“匿名的规则”又有着怎样的实践力量，影响着“每个人的行动、感觉、言说与看待这个世界与自我的事物”[③]。

---

① 周勇：《教育空间中的话语冲突与悲剧：中国十一世纪的经验》，教育科学出版社，2004，第4页。

② 黄兴涛：《“话语”分析与中国近代思想文化史研究》，《历史研究》2007年第2期。

③ Thomas Popkewitz.et al，2001：Cultural History and Education，New York：Routledge，p.151.

第三节 谱系学：探寻现代中国课程的“发生”

一、作为策略的谱系学：知识、权力与主体

上述的研究取径及其言及的历史之物，决定了我们将不可避免地会用到福柯（Michel Foucault）称之为“谱学系”的策略。简单地讲，谱系学可以理解为标识事物“出生”的一种分析策略。“名副其实的谱系学家要叙述某些元素的成分是如何分裂并重新结合起来形成某一新元素，但他并不求诸普遍规律解释这样的现象为什么发生——这要涉及建立因果关系。”①对此，需要指出的有三：其一，谱系学对事物“出生”的标注，绝不意味着对探寻事物具有同一性的“起源”。事实上，谱系学所致力破除的恰恰是人们关于“本质”“本源”“同一”的幻想。其二，关于对象“出生”的追寻，其元素可以是一场战争、一种制度、一个“事件”，也可以是一种观念、一种思想。谱系学的任务正在于分析某些元素是如何分裂并重新结合为新的元素。其三，谱系学对事物“出生”的追溯，反对历史决定论、历史目的论和历史进步论。历史并不是黑格尔意义上的绝对理念不断展开的进步史，在事物的“出生”处，往往意味着断裂和权力模式的更迭，仅此而已。

以福柯的谱系学作为本书的基本研究策略，有超出方法层面的考量。从福柯本人的写作实践来看，谱系学不仅是福柯重要的哲学方法，也是其哲学理论的重要组成。依福柯自己的阐释：“谱系研究有三个领域。第一，我们自身的历史本体论与真理相关，通过它，我们将自己建构为知识主体；第二，我们自身的历史本体论与权力相关，通过它，我们将自己建构为作用于他人的行动主体；第三，我们自身的历史本体论与伦理相关，通过它，我们将自己建构为道德代理人。”②可以说，福柯式的谱系学写作所关注的全部问题，无非是围绕“主体如何形成”而展开的。换言之，今天的主体和主体经验，如何为“知识—权力”所形塑和生产，正是谱系学的主旨所在。有所区别的是，福柯有时会将重心置于知识方面，有时则会将重心置于权力方面。《词与物》向我们描绘了自17世纪中叶至19世纪初期，西方文化知识型的转变及由此带来的“人”和人文科学诞生的历程。在文艺复兴时期，作

① [法]E. G.努扬：《作为谱系学的历史：富科的历史方法》，高国希译，《国外社会科学》1989年第9期。

② [法]米歇尔·福柯：《自我技术：福柯文选Ⅲ》，北京大学出版社，2015，第158页。

为话语言说规则的知识型是“相似”，古典时期是“再现”，现代知识型的标志则是“人的诞生”，是以“人”作为研究中心而进行话语言说的。与此不同，《规训与惩罚》则从权力的角度展现了“主体如何形成”的过程。古典时期，惩罚是镇压和暴力，其典型意象是充满血腥的断头台以及蕴于其后的“自上而下”的压制性权力；现代时期，随着人进入科学的视野中，作为劳动的、活着的、说话的人为政治经济学、生物学和语言学所发现捕捉，关于人的观念及连带性的人道主义就此出现，断头台退出历史舞台，取而代之的是温和、具有拯救意蕴的全景敞视监狱，权力也从一种压制性的实体成为生产性的运作，不断产出、矫正和造就主体及主体经验。

以此观之，福柯的谱系学的基本主题自然无法离开知识、权力和身体。知识作为现代社会运作的中心支柱，并不是孤立的，而是与权力之间存在相互生产的互动关系。一方面，知识固然是各种力量相互斗争、妥协的产物，另一方面，知识作用的发挥也离不开各种社会力量的配合。福柯的《词与物》和《规训与惩罚》虽然各有侧重，但从某种意义上来讲，前者恰恰构成了后者的认识论前提，后者则强化了前者作为话语言说的实际效果。为此，所谓的谱系学研究，正如有研究者指出的那样：“根本不是把权力当成某种可以独立存在的实体，也不打算探究权力的终极基础和始因，而是要把知识当成权力运作的一个不可缺少的策略因素，深入揭示并解构各种科学话语或知识论述与权力之间的相互渗透和相互勾结的关系。”[①]换言之，在福柯式的写作实践中，谱系学的根本目的，是将贯穿于我们思想、言说和行动中的种种论述，当成历史事件进行彻底的前提追问，从而使我们能够对当下自己何以如其所是的境况有所理解，使个体自由成为可能。

具体到本书而言，之所以将福柯的“谱系学”作为无可回避的研究策略，主要基于如下两点理由：其一，从课程史研究的实际来看，一种带有“历史主义”印记的历史叙述占据了课程史研究的主流。历史被视为人类理性不断彰显与展开的过程，具有毋庸置疑的连续性且具有持续进步的特征。历史主义式的课程史研究，如美国学者芒罗（Munro）所言：“就像童话故事一样，课程历史的故事生产或再生产一种叙事，这种叙事犹如睡前的小故事一般温馨。”[②]诚然，本书无意否定历史进步的观点。然而，这样的历史研究，很容易丧失其应有的批判与反思精神，以至于课程的发展有可能会陷入“理性的自负”中。“谱系学”的立场将有助于我们获得一种关于课程历史的不同图景，丰富对于课程历史的理解，亦可增强我们的批判意识。其二，

① 高宣扬：《福柯的生存美学》，中国人民大学出版社，2015，第151页。

② [美]派纳：《课程：走向新的身份》，陈时见等译，教育科学出版社，2008，第242页。

如前所述，一种课程改革观念或主张的制度化过程，既联结着言说主体的视角、想象、意志与策略，又需要诸如社会、权力、制度配置等“非话语性实践”的支撑，甚至在某种意义上，课程改革观念的“发生”就是权力模式的更换。“谱系学”的分析策略，显然更加强调话语所处的历史与政治脉络和话语所发挥的历史与政治功能，更有利于揭示课程、社会、权力之间的关系。

发生于近代中国的1923年课程改革，具有传统中国课程走向现代中国课程的“界碑”意义。正是在1923年的课程改革中，“儿童”通过不同层面的话语言说得以诞生，开始成为课程改革关注的基点。由此，课程得以在关于“身体”的筹划中，指向身体改造。历史地看，在传统课程中“沉默”着的、诸如“儿童”“身体”的发现及觉醒，似乎理所当然地意味着历史的进步。正因为此，现代课程乃至现代教育的兴起，无不是高高举起一个大写的“人”或“儿童”，以至于杜威常常因为“儿童中心”，被视为现代教育的标志性人物。若此，现代中国课程不过是西方教育现代转向整体中的“局部”。这一方面忽视了现代中国课程发生可能具有的内在逻辑，未能在整体的研究视角上实现“由外向内”的转换；另一方面，对于历史演进的必然性预设和线性进步观的确立，也难以阐释当下“儿童”“身体”在课程空间中何以如此的命运。以谱系学的策略介入对于1923年课程改革的考察，正是要基于“发现中国”的内部视角，以关切“身体命运”价值追求，揭示近代中国究竟动用了哪些“知识”“权力”策略，以使关于“儿童”及其“身体”的知识与想象得以被构建，从而使关于1923年课程改革的言说获得生产、流通，以至于在当下的课程改革中，但凡言及“儿童”“身体”，似乎总寓意着不言自明的崇高与美好。本书正是要打破从“绝对理念”和“外部视角”审视1923年课程改革的做法，而是将1923年课程改革及其背后的“知识”还原为一系列具有“效果历史”的话语实践，审视其得以被言说的条件与权力关系。

二、作为方法的谱系学：知识考古学与话语分析

虽然德雷弗斯（Hubert Dreyfus）曾指出，将知识考古学和谱系学做出区分是不必要的，因为并不存在一个前考古学的福柯和后考古学或谱系学的福柯。然而，在福柯的著述中，知识考古学和谱学系存在的差异，也是一个不争的事实。为此，德雷弗斯认为，知识考古学从属于谱系学。[①]福柯也曾

① Drefus, H.et al, 1983. Michel Foucault: Beyond Structuralism and Hermeneutics, Chicago: The University of Chicago, p.103.

在论及批判的时候指出："批判的特征，就其目的性而言，是谱系学的；就其方法而言，是考古学的。"[①]基于此，我们不妨将知识考古学视为谱系学策略和目的得以实现的具体方法，而"话语分析"则是作为方法的知识考古学的"技术"。

福柯的知识考古学，并不是一般意义上通过古代社会遗留的物质资料，尝试重建历史意义的"考古学"，而是将历史文化视为由各种各样话语所组成的集合体。我们在其中如何思考、如何行动，以及各种规则及制度的构建，事实上无不是形形色色的话语实践的结果。当话语实践所形成的陈述以系统趋合的方式成为合目的性的整体时，即为知识。在此意义上，知识自然可以还原为一系列的话语实践。进一步而论，作为历史文化构成的话语之所以发生，是因为其后存在一种类似却远不止荣格所言的集体无意识的"话语型构"(discursive formation)在发挥支配作用。话语的消长起落，正是"话语型构"的断裂与转换。话语形构的主要组成是"陈述"，作为一种功能或效果的存在，它与陈述自身所处的关系网络、言说者位置及媒介等息息相关。福柯曾指出，陈述既不是一个句子，也不是一项命题，甚至不是话语中固定的单位或元素。事实上，陈述更接近于一种功能性存在，其功能的发挥，固然依赖于具体的言语，却不能完全为言语所束缚。为此，问题的关键并不在于从言说者的主体意识之中，探寻他所说的话究竟包含什么意思，而在于言说者置身何处、凭借什么样的条件，使其陈述得以实现。这显然是福柯对抗"真理游戏"的基本方式。不仅如此，陈述还会产生效果历史，经由稀有性，使有些话能被表达，成为一种能够将人们的身体、思想、言说和行为限定在其之内的话语实践，而有些则因此陷入沉默。这种在言说与沉默之间的区隔，正体现了权力的运作。

由此可见，作为方法意义上的谱系学，实则是以关于话语实践的解析为前提的。所谓知识考古学，正是要分析知识在特定的社会文化环境中，得以发生的机制与策略。又因为这一知识发生机制与策略，不可避免地会动用各种社会力量，伴随着权力运作，而并不是孤立的语言力量，它必然同时又是谱系学的。从作为方法的谱系学而言，主要有如下意旨。

其一，在研究对象上，谱系学以话语为基本对象。在福柯的著作中，谱系学研究以与研究主题相关的论述作为分析诠释对象。在他的《疯癫史》中，"话语"就是具体时代的人们关于疯癫的认知；在《性经验史》中，所谓的"性经验话语"，就是指人们以各种各样的方式对"性"所进行的"谈论"。依

① 高宣扬：《福柯的生存美学》，中国人民大学出版社，2015，第155页。

福柯所言，所谓“话语”，“有时用它指所有陈述的一般领域，有时用作可以个体化的一组陈述，有时则作为一种有序的包括一定数量的陈述的实践”①。如果说在谱系学意义上的“话语”含义还稍显模糊，那么，在与谱系学一脉相承的“知识考古学”意义上的“话语”，则要清晰得多。在知识考古学的代表作《事物的秩序》中，福柯认为，人们可以通过对在不同学科领域里存在的话语，进行描述、分析、比较与归纳，从而找出其中存在的“知识型”。知识型作为使某些话语被认为是“正确”或“合理”的话语规则，它是一种匿名性的存在。这不仅意味着有一种先验性的力量支配着话语，更意味着，话语自身也蕴含着实践的力量，具有话语实践和社会实践的向度。

其二，在研究意图上，谱系学意在阐释话语中蕴含的“知识—权力”关系。谱系学以“话语”为研究对象，但并非如传统意义上，聚焦于文本内部进行解释学阐释。话语更是系统地形成这些话语所言及的对象的实践。正因为此，任何一种话语的发生，都意味着一连串的事件及其实践。从话语及其涉及的事件与实践而言，一种谱系学意义上的话语研究，涉及的基本问题会包括：这种“陈述”是如何发生的？为什么一定要如此这般地进行“言说”才是“真”的，而不是另一种方式的“言说”？一种占据主流地位的“话语”是以何种方式占据相应的位置，又是以何种机制排斥其他话语的？这意味着，谱系学意义上的话语分析，不仅需要对话语做出描述，更需要确立话语发生的条件（知识—权力），描述其排斥其他话语的形式等。

其三，在研究过程上，指向话语实践的谱系学研究，通常涉及三个层面：一是标出对象的“发生”，这是谱系学研究的核心工作。谱系的建立并不是寻求必然性的因果联系，它所追寻的，实质上是“事物的繁衍”的发现，是要建立起关于对象得以“发生”的序列。谱系学的研究并不会呈现一种脉络清晰的线性谱系，而是盘根错节的网状谱系。因此，谱系学的分析，首先建立在对大量话语的占有基础之上，进而通过对话语事件的分析，得到构成事件的个体元素，最终形成谱系。二是话语主体的正当化程序。谱系学的研究并不止步于对象的“发生”，更要进一步探析对象“发生”的条件。一种话语的发生、流通乃至发挥实践效应，无法脱离话语主体自身的身份确证和正当化论证。相同的话语经由不同的主体所言说出来，自然会产生不同的“功能”或“效应”。主体是经由何种程序走上具有正当性的“位置”，从而能够说出这样或那样的话，自然是谱系学关注的基本问题。三是话语实践概念及理论标准化的规范体系。话语实践总是带有主体意志、目的而

① 汪民安、陈永国、马海良：《福柯的面孔》，文化艺术出版社，2001，第97页。

指向特定的对象，但其话语自身的正当性却是以“真理”的面目加以捍卫的。为此，话语的自我证成必然依赖于特定的准则。由此，表面上看，话语似乎总是言说者以“主体”的身份所发出的，但隐于其后的，实则远超于个人智慧和力量的“匿名的规则”。

努杨曾指出：“名副其实的谱系学家要叙述某些元素的成分如何分裂并重新结合起来形成某一新元素，但他并不要求诸普遍规律解释这样的现象为什么发生——这要涉及建立因果关系。”[①]这一方面提示我们，谱系学研究的根本任务在于描述，而不是解释。或者更为准确地说，一种谱系学研究，正是通过对事物如何“发生”的描述，蕴含着对事物“发生”的解释，与现象学颇为相似。另一方面，尽管谱系学研究没有具体的方法，但通常会包含占有话语、寻找元素、建立谱系、分析条件几个环节。

话语的占有是进行谱系学研究的必要前提。与传统教育史学的区别在于，对话语的占有，并不是如同既往思想史研究或制度史研究那样，挖掘在特定历史时空中，那些作为社会主流的上层思想。毕竟，作为社会上层的“精英和经典的思想未必真的在生活世界中起着最重要的作用”[②]。换言之，谱系学研究所要占有的，是那些能够真实影响人们思想、说话和行动的，具有“效果历史”的陈述。它们可能是一些看似并不起眼的、偶然的事件或言说。然而，正是这些处于社会底层的言说，孕育着后来支配人们言行与思想的“种子”或“元素”。为此，在福柯式的谱系学研究中，他似乎从不避讳自己作为“新型档案员”的身份定位及面对档案时“发烧的倦怠”。这种倦怠表现出“一种性格上的对图书馆、对档案、对附注、对积满灰尘的手稿、对从来无人过目的文章、对印数极少躺在书架上直至几个世纪以后才有人拿出来的书充满爱恋”[③]。

在众多交错的、非连续系列的元素寻找中使历史获得显现，是谱系学研究的要义所在。在谱系学的意义上，作为具有自身同一存在的元素，可以是一场战争、一种制度、一个“事件”，又或者是一种观念。对历史的谱系学阐释，意味着对作为组成部分的元素进行有意义的联结。谱系学研究所要展现的，正是描述某些元素是如何分裂并重新结合，进而形成某一新元素的过程。对此，努杨曾有过形象的描述：一个个体元素E，当在E中发现有另一个个体元素D的组成因素时，E就注定跟从这一个体元素D，由此D成为E的前行者。而E往往从属于多个系列，并在每一个系列中都有一个

① [法]E.G.努杨：《作为谱系学的历史：富科的历史方法》，高国希译，《国外社会科学》1989年第9期。

② 葛兆光：《中国思想史》，复旦大学出版社，2009，第11页。

③ [法]福柯：《必须保卫社会》，钱翰译，上海人民出版社，1999，第4页。

直接的前行者。如果A、B、E形成一个系列,C、D、E形成另一系列,那么B与D就是E的前行者,亦可说ABE和CDE交错于E,从而使元素的发生或出现成为可能。对元素发生或出现的过程进行追寻与描述,正是谱系学研究的基本要义。

建立谱系的工作伴随着追溯元素出生的研究过程。对“事件的繁衍”的发现,事实上正是形成序列的过程,亦是建立谱系的原义:记录关于家族世系、血统关系和重要人物事迹的技术,其基本功能是帮助我们辨明人物的身份、认识事物的特征和理解事物的起源及其演变发展过程。[①]但谱系学与传统意义上的“家谱学”所不同的地方在于,它并打算回溯历史、追溯“起源”,亦不打算在不同的元素之间建立起线性的承续关系,而是要形成一个个“盘根错节”的“网状的谱系”。陈述的发生、对象的形成,总是在不同类型的陈述的“互文性”纠缠中得以呈现的。而且更具复杂性意蕴的是,这些作为陈述、对象得以发生的“起源”,往往是充满了对抗、斗争、歧异、琐碎乃至具有偶然性的异质存在。

如果说谱系学对于元素出生的追溯及其谱系的建立,更接近于构建有关真理的“内史”,即展现真理依据其本身协调规则进行不断修正的过程,那么,分析其“出生”的条件,则更接近于有关真理“外史”的探寻。换言之,一种作为真理的言说之所以能够“发生”,还有着在真理体系以外的“游戏规则”的演变。正是通过这些游戏规则,自称为真理的言说才能够在社会中发生,进而产生效用和影响。为此,福柯在《临床医学的诞生》中,明确地指出其研究关心的是:“如何确定医学经验在现代之所以存在的可能性条件。”[②]为此,一种谱系学的考察,不只是要描述元素的承续,还要在“话语”以外,分析言说者是凭借什么样的条件、动用了怎样的力量,才能够说出这样的话、界定并描述其所言说的对象。当然,福柯的深意在于,当人们学会以主体的身份“正确地”说话时,主体固然以为是“我在说话”。但如果问题聚焦于“主体依据什么样的规则才能对某些事物说出真或假”时,主体事实上正处于“话语实践”(或知识型)与“非话语实践”(事件、制度等)的支配、影响之下,亦即“话在说我”。人为编织的话语或游戏规则系统及其连带的权力等,已然将作为言说的主体予以了客体化。正是经由对真理游戏中主体化与客体化过程的分析,揭示真理游戏中主体“自我陶醉于自身的主体的同时”,将主体为自身及他人宰制,为知识、权力、道德活动客体化的机制加以披露。

---

① 蔡春、卓进:《谱系学视域中的教育史研究》,《教育学报》2015年第3期。

② [法]福柯:《临床医学的诞生》,刘北成译,译林出版社,2001,第12页。

三、理解现代中国课程的发生：知识、权力与身体

现代中国课程的发生，既是持续课程改革事件累积而成的结果，更标志着“现代课程观念”的兴起。从谱系学的视角来看，所谓“现代课程观念”，实质上就是遵从某些特定话语构型或知识型的“现代课程观念知识”。这些知识得以被言说、传播并进而引起课程改革事件的发生，一方面，是话语实践的结果；另一方面，其意义与价值的显现，也取决于特定社会和文化结构下具体语境为其“背书”。1922年学制改革前夕，全国教育联合会在山西太原召开第五届年会，会议根据杜威访华过程中所做的“教育上的实验态度”的演讲，做出了“请废教育宗旨，宣布教育本义”的决议，立足于人应该如何教，意在消解教育宗旨对儿童的铸型，倡导儿童本位。这一观点，在民国初年主持教育工作的蔡元培那里，也有相近表述：“夫新教育所以异于旧教育者，有一要点焉，即教育者非以吾人教育儿童，而吾人受教于儿童之谓也。”①蔡元培所谓“受教于儿童”，正是强调以儿童为本位，以“展个性”的教育。可以说，现代中国课程的发生正是以“儿童本位”这一“观念”为内核，以“西学”课程为内容而得以实现的。

换言之，以西方的“分科之学”为基，实现对于“儿童”的培育，应是现代中国课程发生的“源起性”观念，亦是支持1923年课程改革得以发生的真理性知识。然而，从谱系学的视角来看，此一知识不过是话语实践的产物。所谓“儿童”，也不过是依据话语构型或知识型所形成的关于“儿童”的陈述总体。为此，理解现代中国课程的发生，事实上就有三个层面的考量：其一，是在近代中国，在现代中国课程的发生中具有“界碑”意义的1923年课程改革，是基于何种“知识”而给出的？这些“知识”作为课程改革的“真理性认识”，是何以可能被言说乃至发挥实践效用的？问题的关键不只在于1923年课程改革得以发生的过程中“言说”了什么，更要追溯使此一言说获得发生的过程，以及在其后支配此一言说的“话语实践”或“知识型”。其二，与前述问题相关，将课程改革得以发生的“知识”还原为“话语实践”，意味着以话语为基础的各种社会活动，即话语本身获得贯彻的过程、话语在贯彻过程中连带性的社会力量紧张关系，亦会成为关切的基本问题。换言之，作为1923年课程改革基础的“知识”建构，有着怎样的“教化意志”与“规训欲望”，其在争取自身成为“真理”的过程中，又动用了怎样的社会力量，即与“知识”相互勾连的权力及其效应，亦是本书的研究旨趣之一。其三，在上述“知识—权力”的机制之下，作为现代课程标志的“儿童”“主体”

---

① 高平叔：《蔡元培全集（第三卷）》，中华书局，1984，第173页。

与"身体"竞相登上历史舞台,在不同的知识之中,"身体"一方面成为活动的主体,另一方面,也由此成为课程规训的客体。为此,关切现代课程兴起中身体的命运,进而思考当下的课程及身在课程之中的我们何以如此,也是研究者关切的基本问题。

当然,这一切的回溯,都无法脱离大约一个世纪之前的那场课程改革,无法脱离百年之前,对中国而言具有特定意义的20世纪早期岁月。在1923年,紧随着1922年"壬子癸丑学制"的颁行,一场全新的课程改革拉开帷幕,登上历史舞台。对本书而言,笔者所在意的问题在于,在那个充满混乱、纷争与歧见的社会文教空间里,那些主导着这场课程改革的知识精英们,是如何说出一番关于课程的真理性话语,又是如何将那个在传统课程空间中并不看重的"儿童"及其"身体"置于课程空间的正中央,从而对其凝视、探析进而加以筹划,以至于支配并影响着此后百年中国课程发展的路向?这一切似乎都得从探究那个时代的知识精英们说了些什么开始。当然,这不过是本书展开的起点而已。这些历史性的话语是如何从一些细微的地方渐次蔓延,如何经由陈述造就的"效果历史"累积为一种占据主流位置的言说,以及如此这般的课程改革言说究竟意味着什么?一切都得回到历史之中寻求回应。

第一章

晚清社会的课程话语革命

就晚清社会的整体状况而言，“内外交困”和“危机四伏”应该是较为客观且公正的描述。一方面，“英国的大炮破坏了皇帝的权威，迫使天朝帝国与地上的世界接触”[①]，清王朝及其统治下的帝国，在坚船利炮的攻击中变得岌岌可危；另一方面，就其社会内部而言，一场持续十四年之久的农民运动，借助于西方基督教原始教义中“天下多男人，尽是兄弟之辈，天下多女子，多是姊妹之群”的朴素平等思想，加之以改造之后无所不能的“上帝”，深刻冲击了晚清帝国得以维系的思想意识领域。对此，身历其境的曾国藩曾有过深刻体悟：

> 自唐虞三代以来，历世圣人扶持名教，敦叙人伦，君臣、父子、上下、尊卑、秩然如冠履之不可倒置。粤匪窃外夷之叙，崇天主之教……士不能诵孔子这经，而别有所谓耶稣之说、《新约》之书，举中国数千年礼义人伦读书典则，一旦扫地荡尽。此岂独我大清之变，乃开辟以来名教之奇变，我孔子、孟子所痛哭于九原。[②]

虽然这场农民运动最终陷于沉寂，却从另一个侧面反映了晚清社会人们在思想意识领域出现的认同危机。思想危机的实质是知识危机，是传统知识体系在社会历史进程中合法性的丧失。为此，对于晚清政府而言，如何在较短时间里实现国家富强，同时重建人们对传统儒家学说的认同，更准确地说，如何在传统儒家学说的接续中实现国富民强，是必须要予以思考的根本性问题。

应该指出的是，即使从太平天国运动的终结算起，直至晚清帝国最终的灭亡，其间尚有近半个世纪的“缓冲期”用以回应上述问题。但无论是1895年中日甲午战争的失利，还是此后爆发的义和团运动，又或是最终推翻晚清政府的革命运动，都表明晚清政府既未能有效实现国家富强，亦未能解决民众对于作为执政根底的儒家学说的普遍认同。对此，在晚清社会语境中，首先需要承担责任的应是文化教育界。在这一漫长的时间段里，无论是西学的引进、学堂的开办，又或是人才选拔制度的颠覆性变革，都显示出了晚清政府乃至整个社会精英阶层对教育的重视。“亡而存之、废而举之、愚而智之、弱而强之、条理万端，皆归本于学校。”[③]类似的“教育救国”言论在晚清社会中比比皆是。由于有诸多社会危机做其注脚，所以“教育救

① 中共中央马克思恩格斯列宁斯大林著作编译局：《马克思恩格斯选集》，人民出版社，1995，第692页。

② 李翰章：《曾文正公全集：文集（卷三）》，光绪五年传忠书局刻本，第1页。

③ 梁启超：《饮冰室合集》，中华书局，1988，第9页。

国”几乎获得了普遍的社会认同。基于此,围绕中学与西学而进行的课程改革,在某种意义上成了晚清教育变革的主旋律之一。问题在于,当时以晚清政府为主导的课程改革,似乎既未能使晚清社会获得明显的实力提升,又未能解决人们在思想意识领域的认同问题。这使我们不得不面对如下问题:晚清社会文教空间中,那些社会精英们在言说什么?支配晚清社会课程改革的知识,是基于怎样的文化条件而被说出,又产生了怎样的课程效果?

第一节 晚清社会空间中的权威课程话语

对晚清社会文教空间中的社会精英们而言,如何协调好“中学”和“西学”的关系,理所当然地成为这些言说所要面对的基点性问题。之所以如此论断,是因为这一问题在根本上涉及文化的独立性与适应性之间的关系。对于中国这样一个有着几千年悠久文化传统的古国而言,不引进西方的学术与文明,必然难以在中西文化交流的新潮中前进哪怕一步。而一旦引进,西方富有现代气息的文明成果,又势必会引发文化观念上的巨大震撼和强烈冲突。这种冲突在当时守旧派与开明派的论战中,有充分的体现。对守旧派而言,“舍己从人”“侈谈洋务”的必然后果,就是动摇传统的纲纪法度、道义准则,必将破坏“中国数千年相承之治法”[①],从而威胁到整个社会,尤其是上层社会安身立命之根基。因此,对当时图变求新的社会精英们而言,设法证明中学和西学之间能够相互融通、相辅相成,就成了一条必经之路。

一、中体西用:晚清社会课程改革知识的生产

作为末代封建王朝,晚清政府专制体制的构建,依然是以程朱理学这一官方哲学为根基的。“天理”构成了整个社会秩序的基本依据:“宇宙之间,一理而已……其张之为三纲,其纪之为五常,盖皆此理之流行,无所适而不在。”正是理学作为一种知识型,实现了传统儒学的伦理化改造,为封建政治提供了必要的合法性证明。在理学的视界中,假定了一个无所不

① 丁伟志:《“中体西用”论在洋务运动时期的形成与发展》,《中国社会科学》1994年第1期。

包、至高无上的理性世界，而三纲五常的伦理秩序和君父帝王则是这个理性世界在现实中的具体化身。从政治治理和秩序构建的角度来讲，这种体现着“天理”的纲常伦理学说所具有的天然优越性，远非其他学说可以比拟。正因为此，尽管鸦片战争之后，晚清政府直观体验了西方坚船利炮的威力，但也未能丝毫损伤其对传统“天理”纲常伦理的优越感受。即便是对西学有着较深理解的郭嵩焘，也认为中国传统文化远在西方文化之上。“泰西之教，其精微处远不逮中国圣人。”①更何况早在《四库全书》的编纂中，清政府就已经确立了对于西学的基本文化政策：“案欧逻巴人，天文推算之密，工匠制作之巧，实逾前古；其议论夸诈迂怪，亦为异端之尤。国朝节取其技能，而禁传其学术，具存深意。其书本不足登册府之编。”②甚至在一些封建士大夫眼里，晚清社会的种种危机，正是因为长期不讲“理学”，以致“民俗浇薄，人心不古”。从可见的史料来看，在1840年鸦片战争之后，包括太平天国运动在内的种种“晚清危机”，似乎也说明了这种认识风潮的合理性，从而迎来了包括曾国藩等在内的“理学派”的“中兴”局面。

在这样的基本文化倾向及其形成的氛围中，尤其是在统治阶级和民间宿儒的共同倡导下，“西学”不可能取“中学”的地位而代之，而只能是作为巩固“中学”地位的一种方式与手段。“西学”在教育空间中合法地位的获得，需要在“中学”的框架内予以说明。或者说，正是由于“中学”中已有的既定陈述，为“西学”的采纳提供了可资利用的依据，使关于“西学”的理解成了一种“效果历史”事件。这当然包括但不限于中国传统典籍中“体用”“本末”“主辅”的概念范畴。当冯桂芬在《采西学议》一文中，说出倡导“西学”的话时，一方面指出“夫学问者，经济所从出也”，另一方面则以太史公“法后王”迁移至“鉴诸国”③。将“学问”与“经济”勾连，进而推论至国家富强，具有浓郁的本土气息。远至孟子就曾说过：“田野不辟，货财不聚，非国之害也。上无礼，下无学，贼民兴，丧无日矣。”孔子提出“君子谋道不谋食。耕也，馁在其中矣；学也，禄在其中矣。君子忧道不忧贫”④，都明确表达了将创造财富的“经济活动”视为政治秩序和伦理规范的从属的思想。唐代陆贽指出：“自古及今，德义立而利用不丰，人庶安而财货不给，因以丧邦失位者，未之有也。”⑤正因为此，当冯桂芬在《采西学议》中以“经济”的原因说

① 中国史学会：《洋务运动（一）》，上海人民出版社，1961，第312页。

② 王云五：《四库全书总目提要（二十四）》，商务印书馆，1931，第80页。

③ 冯桂芬：《校邠庐抗议》，上海书店出版社，2002，第56—57页。

④ 程树德：《论语集释》，中华书局，2017，第1141页。

⑤ 陆贽：《陆宣公全集》，世界书局，1936，第139页。

出“学问”的目的时，所指既有“经世济邦”的传统意义，又有“国富民强”现实追求。而从“法后王”迁移而来的“鉴诸国”，也因此有了历史的依据和兼容并收的普遍心态。

无独有偶，在1892年，亦即在冯桂芬《采西学议》写成发表后的第三十一年，当郑观应再次试图说出相同的话，以讲求西学时，他依然是从“中学”那些说过的话里寻找能够言说的依据。不谋而合之处在于，冯桂芬凭借儒家关于“学问”和“经世济邦”的内在关联，说出通过“西学”这一“学问”以实现“富强”，郑观应也同样是借助于“儒”，说出了对于西学的讲求。郑氏以“通天地人之谓儒”作为讲求西学的根本依据，进而将西学一分为三：“今彼之所谓天学者，以天文为纲，而一切算法、历法、电学、光学诸艺，皆由天学以推至其极者也。所谓地学者，以地舆为纲，而一切测量、经纬、种植、车舟、兵阵诸艺，皆由地学以推至其极者也。所谓人学者，以方言文字为纲。而一切政教、刑法、食货、制造、商贾、工技诸艺，皆由人学以推至其极者也。”[①]更进一步，郑氏还以通儒者“博古通今，审时度势”的开放心态，说出“不于今日急求忠智之士，使之练达西国制造、文字、朝章、政令、风化，将何以维大局制强邻乎”[②]的话来，与冯氏言说的内在理路几近一致。

在晚清社会格局中，诸如冯桂芬和郑观应等人关于采用“西学”的言论一经说出，似乎马上就会产生历史的效用。毕竟，自鸦片战争以降，“经世致用”已然成为弥漫在社会和文教空间的迫切需求。然而，无论是冯桂芬，还是郑观应，抑或是那些不为历史所著述的普通民众，其关于“西学”的言说终究只是作为“文人”或社会底层的喃喃自语。1895年甲午战争失利之后，这种在民间和文人群体中的“西学”言说，开始在作为社会精英的统治阶层中流行。1898年，张之洞在一篇名为《两湖经心书院改照学堂办法片》的奏议中说道：“兹将两书院均酌照学堂办法，严立学规，改定课程，一洗帖括词章之习，惟以造真才、济时用为要归。”[③]同样在这一奏议中，张之洞提出经学、史学、地舆学、算学四门，是学生需要兼通、轮日分习的必备科目，从而“大指皆以中国为体，西学为用，既免迂陋无用之议，亦杜离经离叛道之弊……令守道之儒，兼为识时之俊”[④]。同样是在这一年，张之洞的《劝学篇》得以刊行，更是将“中体西用”的思想以“本”“末”“体”“用”的话语构型加以陈述，连带性地将历史与现实中各种散落的陈述，勾连为一个话语

① 郑观应：《盛世危言》，辽宁人民出版社，1994，第26—27页。

② 郑观应：《盛世危言》，辽宁人民出版社，1994，第27页。

③ 王树枏：《张文襄公（之洞）全集》，文海出版社，1970，第3388页。

④ 王树枏：《张文襄公（之洞）全集》，文海出版社，1970，第3390页。

整体，成为支配晚清末年文教领域改革的知识，发挥着实践效用。

1898年维新变法之际，光绪帝颁布的“诏定国是”中宣谕：“中外大小诸臣，自王公以及士庶，各宜努力向上，发愤为雄，以圣贤义理之学植其根本，又须博采各学之切于时务者，实力讲求，以救空疏迂谬之弊……成通经济变之才。”[①]应该说，正是晚清社会不同的官员和民间人士通过各自不同的言说，赋予了西学“实用”的功能定位，造就了“中体西用”的文化政策，从而使之在课程空间中占据一席之地。虽然在这一文化政策中，“西学”的功能作用仅局限于器物层面，但“中学”的功能亦同时被局限于“治身心”之中。这种关于“中学”和“西学”功能的二分言说一经形成，因其不仅有着中国传统意义上关于“中学”对于道德教化、人心陶冶的相关陈述作为注脚，又有“体”“用”可以二分的理论资源作为佐证，所以一举成了符合特定话语构型的、关于“中学”“西学”功能区分的正确知识。

“中体西用”之所以能够成为晚清社会课程改革的基本知识，是因为在中国历史及晚清社会，有着不同层面关于“中学”和“西用”的相关陈述彼此勾连。其中，关于“中学”道德教化、人心陶冶的相关陈述自是无须赘述。关于“西学”具有“实用”功能的陈述，在晚清社会，则主要集中于“自强”和“求富”两个方面。这不仅迎合了晚清社会培养科技人才，以适应国家强盛的需要，也迎合了晚清政府慑于船坚炮利的威力，亟需使国家“自强”的内在诉求。“自强以练兵为要，练兵以制器为先”，“识时务者莫不以采西学制洋器为自强之道”，明确地表达了自强、制器与科学之间的关系。在这样的陈述中，“西学”一方面被理解为制器之术，即在器物的层面上，被作为技术加以理解；另一方面，“西学”的功能则被定格于“图强”。正因为此，就洋务运动时期技术学堂的课程来看，在其目标陈述上，大体是以培养轮船制造、航海、电讯、医学、矿务等领域的专门人才为宗旨。就其内容方面来说，除了作为基础学科的英语和算术，又多与具体的制器技术相关。如福建船政学堂的设计专业，其开设的课程除了法文、算术、平面几何等基础学科之外，主要就是一门详论150匹马力船用蒸汽机结构课。而当时作为学堂监督的法国人德克碑（D' Aiguebelle, Paul Alexandre, Neveue）、日意格（Giquel, Prosper Marrie）向左宗棠立下的“保约”中，也就课程预期的实现结果做出了规约：“教习英国语言文字，俾通一切船主之学，能自监造、驾驶，方为教有成效。”[②]据此来看，当时对于“西学”的理解，显然更接近于用于制造与生产的技术，基本功能在于实现“自强”，即满足抵御外敌的需要。

① 朱寿朋：《光绪朝东华录》，中华书局，1958，第4094页。

② 中国史学会：《洋务运动（五）》，上海人民出版社，1961，第36页。

学习“西学”实现自强、以御外侮，是晚清社会和文教空间中最直接的价值需求。但自强的背后，也需要“求富”作为支撑。这和当时“寓强于富”“先富后强”的认识是紧密联系的。“中国积弱，由于患贫。西洋方千里，数百里之国，岁入财赋动以数万万计，无非取资于煤铁五金之矿，铁路、电报、信局、丁口等税。酌度时势，若不早图变计，择其要者逐渐仿行，以贫交富，以弱敌强，未有不终受其敝者。”[①]“中国地博物阜，甲于五大洲，欲图自治，先谋自强，欲谋自强，先求致富。”[②]将中国的积弱归结于积贫，意在通过“求富”以实现“自强”，正是当时的主导性观念。在此观念下。近代中国的社会经济也发生着相应的变化。有研究表明，1871—1894年间，我国民族资本约为2100万元，1895—1900年间约为2300万元。[③]民族资本产业的这种发展，势必要求课程做出某种回应。于是，在课程话语的言说中，“以实业日多，国力增长，即不习专门者亦不至暗陋偏谬为成效”[④]，就明确地表达了课程对于实业发展需求的回应。而就具体的内容陈述来说，涉及“西学”的各学科，均强调对于实业及“求富”的作用。如博物科，“凡教博物者……使适于日用生计及各项实业之用”，物理与化学科也同样有此表述，即便是富有艺术气息的图画，其目的也在于“以备他日画地图、机器图及讲求各项实业之初基”[⑤]。显而易见的是，无论是博物、化学、工艺美术，都已远非传统知识生产可以予以供给的。

不仅如此，从其言说的话语策略来看，将“西学”的科学与儒家先贤关于“格物”的陈述加以勾连，也不失为一条富有智慧的进路。在唐代以前儒家先贤的阐释体系中，格物的目的在于致知，而致知又在于意诚、心正。换言之，先贤对于格物的阐释，是在纯粹的道德修养立场上展开的。自宋代以启，在心学和理学的纷争中，心学派基本上沿袭了传统意义上的道德化诠释，而理学派实际上开启了理性精神的先河。对此，葛荣晋先生认为：“程朱学派的格物学说所蕴含的科学理性精神，不但是宋明古典科学发展的理论基础，而且也是明清古典科学与西方近代科学的衔接点，是中国古典科学走向近代化的重要突破口。”[⑥]至明清之际，以反对程朱陆王道学为

① 李鸿章：《李文忠公全集（第16卷）》，商务印书馆，1921，第25页。

② 丁凤麟、王欣之：《薛福成选集》，上海人民出版社，1987，第633页。

③ 严中平等：《中国近代经济史统计资料选辑》，科学出版社，1955，第93页。

④ 课程教材研究所：《20世纪中国中小学课程标准·教学大纲汇编：课程（教学）计划卷》，人民教育出版社，2001，第40页。

⑤ 课程教材研究所：《20世纪中国中小学课程标准·教学大纲汇编：课程（教学）计划卷》，人民教育出版社，2001，第43页。

⑥ 葛荣晋：《程朱的“格物说”与明清的实测之学》，《孔子研究》1998年第3期。

指向的实证化思潮逐渐兴起，方以智、王夫之等更加注重对客观物理世界的探究，倡导实证化的学风实际上已经较为接近西方科学精神的内在意蕴。然而，正是在这一实证化学风的倡导中，"格物"所具有的道德形而上学意义被消解了。恰因为此，将作为"西学"的"科学"和"格物"加以对接，不仅顺理成章，亦可消除"西学""蛊惑人心"、使人"离经叛道"的可能危险，从而进一步彰显"中学"的根本意义。在当时的社会格局之下，这种言说方式显然是颇具机智的策略选择结果。为此，在张之洞有关言说中，即便"西学"已经实然地涵盖了西政，但作为西政最为关键的政体体制问题，他避而不谈。不过，无论如何，"西学"的"用"的功能定位，毕竟为它能够跻身于当时的课程空间、争得一席之地提供了功能论意义上的依据。

在中国两千多年的古代文明中，"一种知识是不是可信，关键在于历史上有没有出处，是不是出自圣贤之口或得自于历史经验"①。与其说这种说法是在肯定圣贤作为言说主体的权威力量，倒不如说它特指时间意义上，既往陈述的话语力量。事实正是，社会空间中的既有陈述，总会对话语形成具体重要意义。课程空间中"中体西用"这一话语总体的形成，不过是散落于当时社会空间中不同陈述的重新组合罢了。当然，能否找到一种源自历史或圣贤的陈述，将是关于"中体西用"的种种陈述总体是否符合某种"话语构型"，从而成为知识的关键所在。对此，中国传统哲学中"道"与"器"所构成的概念范畴，就一跃成为具有说服力的"话语构型"。《周易·系辞》中指出："形而上者谓之道，形而下者谓之器。"王韬、郑观应等都曾借此概括和区分中学和西学的不同。汤寿潜也指出："盖中国所守者形上之道，西人所守者形下之器。"②而堪称洋务高才生的钟天玮，也据传统的"道器观"做出过如下推论："格致之学，中西不同。自形而上者言之，则中国先儒阐发已无余蕴；自形而下者言之，则泰西新理方且日出不穷。盖中国重道而轻艺，故其格致专以义理为重；西国重艺而轻道，故其格致偏于物理为多。此中西所由分也。"③

透过以上论述，我们认为，中国传统哲学的"道器观"，确然是"中体西用"相关陈述得以成为"知识"的"话语构型"。以儒家"伦常名教"为核心的"中学"被置于"道"的位置上，而与之对应的，则是对"西学"以"器"加以标识。这在作为中国传统知识生产集大成的《四库全书总目提要》的相关陈述中，也可以得到直观的说明。在《杂家类·存目》中评价《西学凡》一书时

① 石中英：《知识转型与教育改革》，教育科学出版社，2001，第66页。

② 陈旭麓：《陈旭麓文集(第二卷)》，华东师范大学出版社，1997，第285页。

③ 王韬：《格致书院课艺(第四册)》，上海图书集成印书局铅印本，光绪二十年(1894年)，第15页。

说:“特所格之物皆器数之末,而所穷之理又支离神怪而不可诘,是所以为异学耳。”[①]在《寰有铨》条目中,又评论西学为“杂学”“杂家”。由此可见,将“西学”定位于“用”并不是鸦片战争之后晚清政府的“应急”之举,它在整体性的中国文化传统中,实质上是具有延续性的一贯态度与看法。圣贤名教是中国文化之正宗,是“本”与“道”,而西学是“末”与“器”。这在当时的社会思潮中,似是无须加以争辩的事实。

正是通过“中学”和“西学”功能的分化及相关陈述的勾连,以及作为话语构型的“道器论”策动其中,以文教空间安顿“中学”与“西学”,从而使二者能够并存的“中体西用”的课程改革知识得以形成。当然,任何一种知识都不会孤立地存在和发生作用。“中体西用”作为支配整个文教领域和课程空间变革的知识,它自身当然既是晚清社会这一特定历史时空中,权力网络建构和运作的结果,但又是其以自身的“话语构型”和扩散策略,使权力网络能够弥散于特定的空间之中,支配课程改革得以发生的力量。

二、奏定章程:“中体西用”在课程空间中的散播

有必要指出的是,早在洋务学堂时期,“中体西用”已经在事实层面存在,并成为当时洋务学校课程设置的主要特点。当时著名的福建船政学堂、天津水师学堂,虽然均以培养造船和轮船驾驶方面的专门人才为目标,但“除习洋学外,每日仍兼习汉文”[②],或是“犹虑其或邻浮薄也,教之经俾明大义,课以文俾知论人,瀹其灵明,即以培其根本”[③]。这种一面强调学习西方军事科技知识,一面又强调传统“中学”的做法,不仅是“中体西用”作为话语总体得以形成的具体陈述,也是“中体西用”在课程空间中散播的具体例证。正是基于课程空间中有关“中学”和“西学”的种种陈述,加之源自政教领域有关“中学”的陈述,军事、实业领域有关“西学”的陈述,不同时期和不同层面关于“中学”“西学”的相关陈述层层叠加,且内在统一于中国传统知识领域“道器论”的话语构型,使“中体西用”成为晚清社会文教领域改革的基本知识,亦即作为话语总体而存在。一种话语,一旦在特定的社会空间占据位置,就必然会通过其功能的发挥而实现话语自身的意志。当然,这依赖于说话者、听众,还有赖于其散播过程中暗含的权力因素及教化意志。

① 王云五:《四库全书总目提要(二十四)》,商务印书馆,1931,第78页。

② 朱有瓛:《中国近代学制史料(第一辑上册)》,华东师范大学出版社,1983,第350页。

③ 朱有瓛:《中国近代学制史料(第一辑上册)》,华东师范大学出版社,1983,第505页。

"中体西用"作为文教领域改革的基本知识，其制度化运作的标志性事件，当属1904年《奏定学堂章程》的颁行。虽然在此前的1902年，《钦定学堂章程》曾一度颁发，但并未实行。究其原因，较为惯常的说法是主持章程起草的管学大臣张百熙走得远了些，如在中学堂阶段，将外国文的分量设置过重，以至"西学"比例过大，从而引发清政府的不满。《清史稿·张百熙传》中有载，"大学既负时谤，言官奏称：本官大率满汉相维，请更设满大臣主教事，乃增命荣庆为管学大臣，旋别设学务处，以张嘉亨为大学部监管，百熙权益分"。这里所言的荣庆作为管学大臣，对张百熙加以掣肘的情况，在《清史稿·荣庆传》中亦有相互印证之处："百熙一意更新，荣庆时以旧学调济之。"然而，如果从话语实践的角度来对此加以解析，则别有一番意味。从《钦定学堂章程》作为话语陈述的内在规则而言，它表面上体现着"中体西用"文教领域改革基本知识的意蕴，实则不然。支配《钦定学堂章程》内在话语规则的，并不是在中国历史文化占据较为主流地位的"道器论"及其衍生而来的"体用论"，而是作为吴汝纶"会通中西"教育陈述内在规则的"会通论"。二者的区别，在吴汝纶面对留任京师大学堂一职时的顾虑中有所体现。当张百熙以管学大臣的身份奉诏恢复京师大学堂，并力主聘请吴汝纶担任总教习一职时，吴汝纶态度消极，百般婉拒。其中缘由，吴汝纶在给其子的信中有言："我尝告张尚书，谓'科举不废，学校不兴'。"[①]此其一也，其二者，对于当时大学堂"兼通中西"的做法，吴认为"此等议论，必谓以中学为主，主中学，势必不能更深入西学；若深入西学，亦决不能再精中学，既不能兼长，何能立之分教习之上，而美其名为总教习哉！鄙意不立总教习，中国之学，亦在分教习之列"[②]。结合吴汝纶在日本考察笔记所载，他所设想的是"意拟先取年廿内外聪颖子弟，中国学已成者，为延西师，教之公学，分科略少"[③]，事实上是对日本"贡生制"的模仿。从吴汝纶关于"中学"与"西学"关系的相关陈述来看，其有别于"中体西用"这一话语总体之处在于，"中学"与"西学"是作为可以相互融会贯通的两类并列之学，而非有体用之别的高下之学。正因为此，以"中学"为根本的科举才会成为学校的根本障碍。

《钦定学堂章程》虽然未经吴汝纶之手，但其成稿期间，吴汝纶数次以信函的方式将其在日本考察所见所得与张百熙、张鹤龄和李希圣交流，其所撰写的《东游丛录》亦在1902年编印，影响颇大。从《钦定学堂章程》的

① 吴汝纶：《吴汝纶全集》，施培毅、徐寿凯校点，黄山书社，2002，第597页。

② 吴汝纶：《吴汝纶全集》，施培毅、徐寿凯校点，黄山书社，2002，第195—196页。

③ 吴汝纶：《吴汝纶全集》，施培毅、徐寿凯校点，黄山书社，2002，第735页。

具体规定来看，其在蒙学、小学阶段几乎尽以“中学”而设，在中学堂中则主要以“西学”为课程门目，“中学”仅占三成不到。个中原因，在《钦定学堂章程》的“宗旨”中可窥一斑[①]：蒙学阶段的宗旨“在培养儿童使有浅近之知识，并调护其身体”，小学阶段在于“授道德知识及一切有益身体之事”。以前述二者为根基，中学阶段则在于“为高等专门之始基”。在这一关于“中学”与“西学”关系的陈述中，并不存在作为道德与治身心的“体”与富强致实用的“用”之间的分别，而只是“普通学”与“专门学”的分野，这显然有悖于作为“中体西用”话语规则的“道器论”。在此意义上，《钦定学堂章程》作为当时执政者“钦准颁行”的学制而未能施行，就自在情理之中了。而《钦定学堂章程》之所以陷入“沉默”，恰恰反映了另一种声音的“喧嚣”，即“中体西用”作为文教领域改革知识的支配作用。

于是，在《钦定学堂章程》颁布的第二年年底（1903年），《奏定学堂章程》就登上了历史舞台，并一举占据了晚清文教空间的核心位置，成为当时课程改革的主流声音。“奏定”显示了这份章程有别于此前《钦定学堂章程》之处在于，虽然二者均由张百熙主持制订，但后者的出炉，却是张百熙会同张之洞、荣庆二人七易其稿修订而成的。更进一步，两份章程虽然均由大臣制订，由晚清政府加以颁发，但前者的措辞是“钦定”，后者却是“奏定”，显示了由大臣提出，皇上定夺批准的完整形成过程。从“说话者”的角度来看，这自然不再是《钦定学堂章程》时的“一人独语”，而是“集体声音”的集中表达。细究这些不同的说话者，张百熙是变革的主张者，荣庆是地道的保守派代表人物，张之洞则看似从“保守派”走向“改革派”，实则又是“文化保守主义”[②]的代表。戏剧的是，历史就是以这样的方式，将这三位有着不同立场的大臣糅在了一起，成为《奏定学堂章程》的制定者，从而将一切可能的反对声消弭于未然，使《奏定学堂章程》迅速在全国范围内实施，成为晚清社会文教领域改革的基本制度规范。

“中体西用”知识功能的发挥，不仅依赖于上述权力运作的过程及言说者的身份，还和其自身的文化想象息息相关。换言之，“中体西用”之所以能够在课程空间中获得散播，是因为其背后的知识想象及教化意志是符合当时主流认知的。对此，透过作为“中体西用”集大成者张之洞的《劝学篇》可见一二。事实上，张之洞的《劝学篇》与《奏定学堂章程》正是互为表里的关系，《劝学篇》因“挟朝廷之力以行之，不胫而遍于海内”[③]，得以借助制度

① 课程教材研究所：《20世纪中国中小学课程标准·教学大纲汇编》，人民教育出版社，2001，第1页。

② 任晓兰：《张之洞与中国的文化保守主义》，《读书》2012年第6期。

③ 毛礼锐、沈灌群：《中国教育通史（四）》，山东教育出版社，1988，第148页。

性文本的形式加以传播，成为当时文教空间中的主流话语。张之洞将《劝学篇》分为内篇与外篇，其中，“《内篇》务本，以正人心；《外篇》务通，以开风气”[①]。所谓的“中体西用”，实质上即是以“中学为体，西学为用”。张之洞认为：“中学为内学，西学为外学；中学治身心，西学应世事。”又进一步指出：“新旧兼学……旧学为体，新学为用，不使偏废。”[②]在这一阐释中，我们发现，“中体西用”的文教思想首先强调了以纲常名教为核心的中学的主体地位，相比较之下，西学则是作为中学的一种“补救”而存在的。进一步结合张之洞的相关论述，西学被划分为“西艺”与“西政”，已基本涉及了西方自然科学的各个门类，其中，“学校、地理、度支、赋税、武备、律例、劝工、通商，西政也。算、绘、矿、医、声、光、化、电、西艺也”[③]。这一具有纲领性的论述，为当时课程领域的改革提供了一个全面的理论框架。

首先，“中体西用”文教思想的言说，将其根本的视野投向了政教体制领域。有必要指出，《劝学篇》虽然冠之以“劝学”，但实际上具有浓郁的政治色彩，它将斗争的矛头既指向了封建顽固派，而强调西学“用”的价值；又反对资产阶级维新派，从而提出“中学”作为“本”的重要性。张之洞曾在《抱冰堂弟子记》中追述了《劝学篇》的写作目的。他指出：“自乙未后，外患日亟，而士大夫顽固益深。戊戌春，佥壬伺隙，邪说遂张，乃著《劝学篇》上下卷以辟之。”[④]在这里，张之洞分别批判了顽固派的“不知通”和维新派的“不知本”。作为一种源于政教体制方面思考的文教话语，“中体西用”最终落脚点依然未能跳脱政教体制领域，其冲突的焦点则是“中学”与“西学”在政教体制领域中的存留与地位问题。

其次，“中体西用”文教思想的言说，在其构成的知识谱系中包含了一种特殊的知识想象，即在“体”“用”二分的言说框架下，使得知识呈现出二元分化的特点。这种知识想象，一方面维护了传统知识型“既不再现世界，也不再现人生，只是不停重复道德程序——专制程序的神话”[⑤]的基本地位，即以名教纲常为核心构成的“中学”，无须对世俗与人生做出价值承诺；另一方面，也在传统知识型的边缘，制造了一种新的元素，即以科学为核心构成的“西学”在实用的意义上，当然，也仅在实用的意义上，确立了其对于国家富强所具有的独特价值。在这一意义上，“中体西用”文教思想的言说

① 张之洞：《劝学篇》，中州古籍出版社，1998，第42页。

② 张之洞：《劝学篇》，中州古籍出版社，1998，第121页。

③ 张之洞：《劝学篇》，中州古籍出版社，1998，第121页。

④ 张之洞：《劝学篇》，中州古籍出版社，1998，第6页。

⑤ 季国清：《话语实践——哲学研究的新领域、新视角、新方法》，《学海》2000年第4期。

中，于科学的理解显然是较为狭义的，它更等同于“制造之理和实用技术”[1]，而无关乎具有共通意义的科学精神或是方法。

再次，“中体西用”文教思想的言说，在其教化意志上，依然指向于培养“臣民”。这种指向“臣民”教化意志，在与日本福泽谕吉所著的《劝学篇》的比较中得到明显的体现。在福泽谕吉的《劝学篇》中，其基本的主张是“先谋个人的独立，再求一国的富强”，天赋人权说是其核心理念。而反观张之洞的《劝学篇》，“三纲为中国神圣相传之至教，礼政之原本，人禽之大防”[2]。虽然张之洞劝学的根本目的在于使国家富强独立，但就其途径而言，并不是福泽谕吉所谓的“人人独立”，而是使君为明君，民为尊奉“三纲”的臣民。甚至在某种意义上，人与禽兽之间的差异，就在于人是行“三纲”之说的人，是伦理的人。正因为此，以纲常伦理学说为核心的“中学”是“本”，作为帝国的臣民，应“知本”“守本”，而这与传统臣民观所不同的在于，这里的臣民应该顺势知变，懂西学，并以“西学”之用固“中学”之本。

综上而言，“中体西用”文教思想的言说，是对政教体制方面做出思考的结果。其所构成的话语冲突也主要体现在政教领域之中。其对知识二元分化的处理方式，分别确立了“中学”与“西学”在政教体制中的地位与作用。同时，由于它并未从根本上将视线转向人及人的身体，因此，培养具有一定从事实业技能且适合于晚清帝国的臣民，依然体现着其基本的教化意志。或正因此，“中体西用”的话语才能够在晚清社会的课程空间中发挥功能，使《奏定学堂章程》成为近代中国第一个得以施行的现代学制。

三、实践力量：“中体西用”的历史功效

作为由大臣上奏、皇上定夺批准的制度性文本，《奏定学堂章程》的“听众”事实上有二类：一是作为直接“听众”的各级官绅，其主要任务在于劝勉入学、核准办学、请奖捐学等；二是作为潜在“听众”的学堂、教员及其学员，其内容不仅涉及学堂的科目及程度，即课程，还包括不同科目的教授要义及方法。正是通过这两类“听众”，“中体西用”作为晚清文教改革的基本知识，得以将适龄儿童（七岁以上）的身体置于“学堂”这一指定空间中，并以科目与进程的方式对其加以筹划，从而实现其历史功效。

《奏定学堂章程》中关于课程目标的规定主要体现在两个方面，一方面

---

① 金观涛、刘青峰：《观念史研究：中国现代重要政治术语的形成》，法律出版社，2010，第335页。

② 张之洞：《劝学篇》，中州古籍出版社，1998，第42页。

是具有宏观指导意义的立学宗旨，为各级各类学堂所共同遵循；另一方面则是各级各类学堂应予实现的具体目标。就前者而言，张之洞在其《重订学堂章程折》中明确地将立学宗旨表述为："至于立学宗旨，无论何等学堂，均以忠孝为本，以中国经史之学为基。俾学生心术一归于纯正，而后以西学瀹其智识，练其艺能，务期他日成材，各适实用，以仰副国家造就通才、慎防流弊之意。"[①]而在各级各类学堂所要达成的具体目标上，以中学堂为例，则指向了三个方面：为仕、从事实业、升学预备。"俾毕业后不仕者从事于各项实业、进取者升入各高等专门学堂均有根柢为宗旨。"[②]结合上述两方面来看，"中体西用"的课程话语在课程目标规定上，明显地指向了两个方面：既强调学校课程对于维护封建统治所具有的积极意义，意在通过课程，培养符合封建帝制的"臣民"，又强调学校课程对于学生"艺能"方面的训练价值，以实现"实用"的目的。其中，作为"臣民"的身份定位显然又是根本之所在。这在从其"通才"而非"专才"的表述中可见一斑。

由于"中体西用"作为晚清社会课程改革知识是在"中西"与"体用"的双重范畴中加以论说的，因此，以此为基础的课程基本架构，大体上可以表述为"中学"与"西学"之间的镶接，并以"中学"与"西学"在课程内容构成中所占的比重大小来区分其"体""用"关系。对此，我们可以从《奏定中学堂章程》有关科目与课时的规定中获得直观的感受。

表1-1 《奏定中学堂章程》的科目及课时安排

	修身	读经讲经	中国文学	外国语	历史	地理	算学	博物	物理及化学	法制及理财	图画	体操	合计
第一年	1	9	4	8	3	2	4	2	0	0	1	2	36
第二年	1	9	4	8	2	3	4	2	0	0	1	2	36
第三年	1	9	5	8	2	2	4	2	0	0	1	2	36
第四年	1	9	3	6	2	2	4	2	4	0	1	2	36
第五年	1	9	3	6	2	2	4	0	4	3	0	2	36
周课时合计	5	45	19	36	11	11	20	8	8	3	4	10	180

① 舒新城：《中国近代教育史料（上册）》，人民教育出版社，1981，第195页。

② 课程教材研究所：《20世纪中国中小学课程标准·教学大纲汇编：课程（教学）计划卷》，人民教育出版社，2001，第40页。

续表

	修身	读经讲经	中国文学	外国语	历史	地理	算学	博物	物理及化学	法制及理财	图画	体操	合计
所占百分比	3%	25%	11%	20%	8%	6%	11%	4%	4%	2%	2%	5%	100%

从表1-1可见,在“中体西用”知识支配下的课程组织上,以“修身”“读经讲经”“中国文学”为主要构成的“中学”占据了绝对的优势,仅三科的课时比例就高达39%之多,以顺应“中体”的需求。当然,即便如此,以自然科学为主要构成的“西学”科目,也开始作为基本的组成部分而被纳入课程内容之中,这表明自然科学所具有的实用价值开始被确认。以物理与化学为例,在其课程实施的要求上,明确提出:“讲理化之义,在使知物质自然之形象并其运用变化之法则,及与人生之关系,以备他日讲求农工商实业及理财之源……使适于日用生计及实业之用。”[①]这也印证了此期关于“用”的理解,主要是着眼于致富求强,为具有形下意义的器物层面之用。

《奏定学堂章程》不仅详细地规定了课程的内容及其进程安排,更有关于求知方法的具体要求。透过相关条目,我们发现,“讲”“背”“温”进而使学生“明”“知”“熟”是基本的教学方法要求。这不仅体现在作为“中学”科目的学习上,如“读经讲经”,就规定有“读经讲经钟点”“挑背及讲解钟点”“温习钟点”。即便如算学、博物、物理及化学等西学课程,其教学方法也不外乎上述几点。以算学科为例,要求“凡教算学者,其讲算术,解说备须详明……并使习熟于速算”。这种注重教师讲及诵记的求知方法,实际上有着如下考量:其一,“中学”所涉及的多为儒家经典,其中涉及的伦理纲常象征着一种社会秩序,因此,需要学生精确地掌握与诠释。其二,“西学”的功能在于且仅限于实用,因此,对于科学知识的习得而言,重要的是使学生掌握并能够熟练地使用,而无须学生去进行某种探索、实验。

综上所述,就“中体西用”在课程空间的实际运作来看,以自然科学为主要构成的“西学”,主要是在“用”的层面确立其在课程言说中的价值。尽管这一价值的确立,是以“西学”作为“中学”的附庸而获得认同的,但它毕

① 课程教材研究所:《20世纪中国中小学课程标准·教学大纲汇编:课程(教学)计划卷》,人民教育出版社,2001,第43页。

竟开启了科学在课程话语中的言说，打破了传统知识型独尊儒家经典的局面。正如有研究所指出的那样："我们今天有一千种理由来论证'中体西用'的浅薄、机械和似是而非，但是却设想不出一种可能的方式，来取代它在沟通中西文化方面冲破坚冰，开启航道的客观历史作用。"[①]这当然是就"中体西用"话语造就的"效果"而言的。事实上，在当时的历史情境中，"中体西用"作为晚清社会课程改革知识的历史功效远不限于此。作为晚清社会文教领域改革的基本知识，"中体西用"力图在"体""用"二分的概念框架中，一方面既维护以儒家文化为核心的传统知识体系的合法地位，另一方面，又能够通过"西学"的引进，实现国家的"富"与"强"的双重需求。与过去几千年里传统课程关于道德程序喋喋不休的言说以及"科学"在课程话语言说中的长期沉默相比较，"中体西用"这一话语首次在课程空间中赋予了"科学"以"用"的位置，"播撒"下了第一个关于"科学"的元素。

"中体西用"课程改革话语中关于科学的定位，不仅赋予了科学以"用"的价值，更重要的是，在其作为课程改革知识的传播过程中，使得以科学为主要构成的"西学"获得了合法的传播途径，并促进当时人们形成了与传统"士"的形象完全相异的新的主体性，即作为新型知识分子的全新形象。当时新型知识分子的来源，一是在新式学堂或新式教育下接受过"西学"训练的学生；一是传统知识分子受"中体西用"思想的支配，放弃或背叛科学道路，投身于"西学"，进而转化为新型知识分子。就前者而言，洋务运动时期各种专门学堂中所培养的各式专业人才皆属此例。而就后者来说，郑观应、王韬等，也是明证。相关研究表明，清末有功名的绅士总数约为144万人，但随着"中体西用"的课程改革话语成为一种制度性实践，新学堂的数量从1904年的4222所突增至1909年的52348所，学生数目也由1905年的258873人增至1909年1638884人[②]。接受了新式学堂及课程的学生数量，在1919年左右更是多达1000万人[③]。这些接受了"西学"的新型知识分子的出现，拓展了"科学"在社会空间中的分布。更为重要的是，我们将会指出，恰恰是这些新型知识分子的出现，为其后科学话语共同体的形成奠定了基础，为课程话语权的从官方向民间的流转提供了可能。历史将向我们昭示，正是这样一群新型知识分子，在此后课程空间的裂变乃至现代中国社会的生成中，发挥了无可估量的积极作用。

---

① 冯天瑜等：《中华文化史（下）》，上海人民出版社，1990，第979页。

② 桑兵：《晚清学堂学生与社会变迁》，学林出版社，1995，第146页。

③ [美]周策纵：《五四运动史》，陈永明等译，岳麓书社，1999，第529页。

第二节 晚清权威课程改革话语的式微

“中体西用”作为晚清社会课程改革的基本知识,其在课程空间中的运作,因有晚清社会的上层统治者为其作注,因而毫无疑问地成了晚清社会课程空间中的权威话语。任何一种知识的言说都不会是言说者的“喃喃自语”,它必然有其得以被言说,并获得认同的现实条件,总是在与其他话语性实践及非话语性实践的勾连中,获得其地位。反之,当关于知识的言说条件发生变化,其作为知识的地位也会相应变动。就晚清社会来看,随着“中体西用”相关陈述自身的繁衍,一系列作为非话语实践的事件的出现,这一权威课程改革话语也处于不断式微的状态。

一、“自强”运动的失败

在维持儒家知识体系绝对地位的基础上,通过知识体系的重构改造学校教育,进而实现“自强”,是“中体西用”作为课程改革话语的内在逻辑。但这一思想逻辑,终究需要接受现实逻辑的检验,以验证其“效度”。在晚清社会,1895年甲午战争虽然并不是发生在“中体西用”的课程改革知识形成及其支配的制度化改革之后,但作为“中体西用”在事实层面零星运作了几十年之后的效果检验,事实上已为“中体西用”作为课程改革知识的困境埋下了“伏笔”。

单就战争史而言,甲午中日战争不过是晚清王朝诸多战争中的一场而已。但从历史的发展来看,这一诸多战争中的一场,其影响已经明显超越了战争史的层面,而有了思想史的意味。或正因此,葛兆光赋予了1895年以“思想史元年”的地位。这种地位的赋予,和这场战争的特殊性及其引发的切肤之痛是分不开的。审视1895年甲午中日战争和此前两次鸦片战争,敌我双方都有着不一样的特点:一是从战争的对手来看,两次鸦片战争的对手是来自万里之遥的“泰西”,是已经历了几百年资本主义发展积淀的老牌西方殖民主义国家。甲午战争的对手,却是与“大清王朝”一衣带水之隔,被视为“臣服朝贡之邦”的“虾夷”,是曾与晚清王朝同样饱受西方列强欺凌,仅用了二十余年“暴发”而成的日本。二是从战争的己方来看,1895年的晚清王朝,与两次鸦片战争时期相比较,本应不可同日而语。“师夷长技以制夷”已逾三十年,而开办西式学堂、培养人才、发展制造业等,也确实在甲午战争中获得了至少是外部的改观。甲午海战中，晚清王朝投入的是以大炮、军舰以及专业的近代海军所组建的水师，已不再是两次鸦片战争中的长矛弓箭等旧式装备。正是由于这双重背景，甲午战争失败所引发的，是从上至下弥漫性的“忧郁激愤”和“耻辱无奈”的普遍心理感受。

这种普遍弥漫的情绪，大概就是1895年之后举国上下集体反思的心理背景。在这场集体反思运动中，首当其冲的自然就是在当时话语言说中居于“体”的地位的传统知识体系。事实上，从明代末年“西学中源”说的提出及其饱含的对西学的习惯性蔑视，到后来冯桂芬在《采西学议》中的“以中国之伦常名教为原本，辅以诸国富强之术”，再到张之洞作为集大成者所构建的“中体西用”的话语体系，整体思路并未跳脱出“基于传统的变革”。在这一整体性思路下，中国虽然也在变，但总体上变得从容、自信。然而，1895年的甲午战争无疑是当头棒喝，以至于梁启超在《戊戌政变记》里说：“唤起吾国四千年之大梦，实则甲午一役始也。”因此，甲午战争的意义，不仅在于它确证了过去三十余年的自强道路的失败。更为重要的，它从更为根本的变革路径上，对“在传统中变”的“自强”思路提出了质疑。这种思路上的质疑，从根基上就动摇了“中体西用”作为课程改革知识的合法性地位。换言之，在甲午战争之后三年左右，当张之洞以《劝学篇》系统说出“中体西用”课程改革的完整知识时，事实上已经缺乏“在传统中变”的内在自信，而更多是“挽欲倾之大厦”的一种无奈罢了。传统知识体系在现代社会中能够发出怎样的声响，能够贡献怎样的语言力量，固然是当时亟需反思和追问的问题，而反思、追问本身，已然意味着支持“中体西用”的“在传统中变”这一整体思路的式微。

二、科举制的废除

事实上，无论甲午战争如何表征晚清社会改造运动的失败，有必要承认的一点是，只要科举制尚且作为社会士人晋升的主要通道而存在，“中体西用”课程话语就还有其得以存在的最后屏障。对此，只要简略地翻看一下活跃在20世纪的风云人物的成长史，就会有大概的判断。无论是生于1893年的毛泽东，还是比他年龄略长的郭沫若、胡适，均有过“幼习举业”的人生经历。而所谓的“幼习举业”，正是自隋唐沿袭而来的科举制度所确定的启蒙教育和初级教育。因此，翻开上述几位风云人物的传记，《三字经》《幼学琼林》《孟子》《大学》等，依然是其最初知识构造的来源。而此时，距离晚清政府高层发动的洋务运动,相去已近半个世纪。对当时的国人而言,“读书习文”进而获得“功名”,大概还是唯一的“正途”。在这种集体认知形成的背后,“科举制”当居首功。

甲午战争失败之后,那个把近代中国搅了个天翻地覆却没有“功名”的严复,在他的《救亡决论》一书的开篇即说道:“天下理之最明而势所必至者,如今日中国不变法则必亡是已。然而变将何先?曰,莫亟于废八股。夫八股非自能害国也,害在使天下无人才。”[①]这一剑指八股,实关科举的观点,获得了此后如梁启超、康有为等人的共识。当时间兜转至1901年,时任湖广总督的张之洞和两江总督的刘坤一更是联衔上疏,提出“变通政治,人才为先”的主张。以改革教育培养人才,进而推行变法,最终实现救亡的逻辑,十分明显地贯穿在甲午战争之后的教育变革之中。在这一上疏中,提出的解决方案是将科举中递减的人才名额,分配给学堂取士之用。此后,张之洞、袁世凯、周馥等纷纷上折,请停科举,以广学堂。这些来自官绅的一致诉求,随着时局日危,迫使清廷在1905年9月2日下诏立停科举。

科举的废除,产生了不同层面的影响。然而,其根本的影响,还在于对知识体系的颠覆。可以说,正是科举的废除,正式全面地开启了传统儒学知识体系向西方现代科学知识体系的转变。科举制的废除,意味着晚清社会正式确认了传统意义上以儒家为主的知识体系的合法性的丧失。这种确认的背后,当然同样包含了认同感的缺失。众所周知,科举制作为一种考试制度,并不是要选拔具有某些特殊技能或才能的人员,它更多是要选拔对儒家的秩序观念具有深刻认同的“士绅”。对此,韦伯曾指出:“中国的科举根本不像我们近代考法官、医生、技术人员等等的理性官僚制的考试制度,根本不确认专业是否合格……中国的考试要确定的是,你是否满腹经纶,是否具有一个高雅的人所应具有的思维方式。”[②]因此,科举制的废除,从更为深层的角度来看,更意味着一种思维方式、一种秩序观念的合法性的丧失。

而当我们将目光投向更为广阔的历史时空,科举制的废除,还意味着处于“边缘”的言说者及其所言之物的价值确证。事实上,自1960年代洋务运动伊始,随着新式学堂的举办,在晚清社会中已经存在着一定数量的,不复以传统“入仕”为目的的新型知识人。这些新的知识人及其关于课程改革的相关言说,在当时的课程空间中,是处于边缘且底层的位置的。对当时的社会变革而言,如何有效地吸引并整合这一数量日益庞大的新式知

① 王栻:《严复集(第一册)》,中华书局,1986,第40页。

② [德]马克斯·韦伯:《儒教与道教》,王容芬译,商务印书馆,1995,第173页。

识阶层，是较为突出的问题。科举制的废除，不仅意味着传统士人在社会空间中核心地位的丧失，也表征新式知识阶层从“边缘”走向“中心”的可能性，更意味着“科学”作为一种知识体系和知识观念，在课程空间中获得了独立的价值赋予。“科学”不再是作为“中学”的附庸而存在，而是有其相对独立的存在意义。而与之相对的，则是“中学”统帅地位的丧失。在此意义上，科举制的废除，从根本上动摇了“中体西用”课程话语的合法性根基。

三、文实分科的施行

随着甲午中日战争的失败和科举制的废除，晚清“中体西用”课程改革的知识观念在其教化意志上，实则已形同虚设，作为“臣民”的培养目标已经无所依附。通过课程改造以实现社会改造，进而挽大清颓势于危难的目标基本已宣告失败。在此背景下，这一权威的课程改革话语解体似乎也是势所必然的了。

虽然在晚清政府官方的课程改革方案中，没有明确提出一种有别于“中体西用”的另类知识，但在晚清社会末期，频繁发生的“文科”与“实科”的关系调整与方案实施中，事实上宣告了主流课程改革知识的失败。在1909年，清政府学部提交了《奏变通中学堂课程为文实科折》，得到当局的同意并予以实施，由此开了近代中国文科和实科分科设置的先河。显而易见的是，在“中体西用”的整体性设计之中，以“文科”所代表的，占有绝对优势地位的如“读经讲经”“中国文学”“修身”之类的课程，事实上就是处于“体”的地位的“中学”，而诸如“算学”“博物”“理化”等，则是处于“用”的地位的“西学”。在此前的《奏定学堂章程》修订完毕之后，张之洞等人向清政府提交的报告中，是这样描述各学堂的立学宗旨的：“至于立学宗旨，勿论何等学堂，均以忠孝为本，以中国经史之学为基。俾学生心术一归于纯正，而后以西学瀹其智识，练其艺能，务期他日成材，各适实用，以仰副国家造就通才、慎防流弊之意。”[①]可以想见，在“中体西用”这一课程改革知识的整体想象中，“文”必然统领于“实”之上，“文”之用在于心术，而“实”之用在于艺能。正因为此，在1904年《奏定学堂章程》中，文实并无分科之说。

但这种情况在1909年的《学部奏变通中学堂课程分为文科实科折》中发生了明显的变化。这种变化，首先是基于办学宗旨的定位而来的。“至于中学堂之宗旨，年齿已长，趣向已分；或令其博通古今，以储治国安民之用；

① 舒新城：《中国近代教育史料（上册）》，人民教育出版社，1981，第195页。

或令其研精艺术,以收厚生利用之功,于是文科与实科分焉。”在“储治国安民之用”和“收厚生利用之功”的双重定位中,无论是“文科”还是“实科”,都淡化了甚至是抹平了“体”“用”之分别。易言之,无论是“中学”还是“西学”,都只有“用”的功能定位。而这一功能定位和当时人才培养的实况又是密切联系的。文件从侧面描述了《奏定学堂章程》颁布后的实施情况:“五年毕业,普通学科大略皆备。果使教者善教、学者善学,五年毕业之后,其不再升学之学生,于普通智识道德,当足应用。”“中国文学既难,加以科学又极繁重,果能于五年之内二者兼通,岂非甚善?”“窃查近日考试,各省中学堂毕业分数,或文学优于科学,或科学优于文学,则以平日用功有畸重畸轻之故。”[①]当然,除去上述两方面的原因,这一时期文实分科,还源于对德国“成法”的直接仿效。在奏折中明确提出:“远稽湖学良规,近采德国成法。”[②]课程在某种意义上代表着一种社会建制。对德国“成法”的仿效,实则意味着对中国社会延续了上千年的社会建制的否定,也意味着对既有知识体系的颠覆。

权威课程改革话语的瓦解,还在文实分科的课程内容上有所体现。具体而言,就是将原有的十二门课程分为文科和实科,并根据课程的重要程度及其作用,分为主课和通习。在文科类的课程体系中,读经讲经、中国文学等占据了较大的比例。从其课时安排来看,文科类的课程中,读经讲经、中国文学所占比例高达46%,如果再加上历史、修身,比例更是高达57%;而在实科类的课程中,读经讲经、中国文学、历史、修身所占的课时比例则下降至22%,较此前下降了35%,随之上升的是实科一类的课程比例。课时比例上的升降变化,实则意味此前作为课程改革知识的“中体西用”不再占据主流位置。“中学”不再具有“体”的作用,不再关乎人的心性,它在更深层面上,也反映了中国传统文化的式微。然而,问题并不限于此。更为深刻的是,此一关于课程改革的言说背后,滋生着更为严峻、更具挑战的知识基础:“文”“实”分科的提倡,意味着个体和个体之间的差异,开始在课程空间中获得一定程度的重视。“至中学堂之宗旨,年齿已长,趣向已分”的表达中,显然有着对个体及其个性的强调与重视。这种看待人的视角,显著区别于既往“中学”视角下对人的打量,而更接近于近代以来科学意义上对人的审视。奏折中毫不掩饰对于西方科技文化的崇拜,更是表达了一种文化

① 课程教材研究所:《20世纪中国中小学课程标准·教学大纲汇编:课程(教学)计划卷》,人民教育出版社,2001,第51页。

② 课程教材研究所:《20世纪中国中小学课程标准·教学大纲汇编:课程(教学)计划卷》,人民教育出版社,2001,第51页。

意义上的亲和与认同，意味这一时期西方制度文化的传播和影响，已实然进入了当时主流社会课程改革的言说之中。

第三节　课程改革话语的重构：严复的努力

“中体西用”课程改革知识虽然在晚清社会中占据着课程空间的主要位置，但一系列非话语实践的事件的发生（甲午战败、科举废除、文实分科），致使这一课程改革知识一经构建，即显疲态。事实上，援引“西学”作为“用”，以用作对“中体”的补充，本身已是麦金泰尔（Alasdair MacIntyre）所说的“知识论危机”[①]的典型表现。为此，当“中体西用”作为课程空间中的主流话语被言说时，一些与之不同的话语正以不同的言说方式表达着其意欲实现的文化目的。

康有为、梁启超及谭嗣同等人“冥思枯索，欲以构成一种‘不中不西即中即西’之新学派”[②]的努力，对于洋务派课程“言艺之事多，言政与教之事少”[③]的批评，及其关于课程的“当以政学为主义，以艺学为附庸”[④]的言说，都显示了其着眼于政治体制变革进行课程改革的言说特点。正是这种与“中体西用”课程改革话语同样着眼于政治体制领域，却又根本对立的文化目的，使得维新运动终以悲剧性的命运收场。在这些涉及课程的言说之外，我们发现，一种有着不同视角、知识想象与教化意志的课程改革言说正构建着不同的文化想象。

一、别样言说：“艺本政末”的体系建构

在当代中国学界之中，严复惯常被称为“近代启蒙思想家”。但就其思想而论，严复应是当之无愧的“现代思想家”。这是因为，在马尾船政局学

① 所谓的知识论危机，指的是生活于特定文化传统的人会形成一套关于世界的认知架构，一旦这一认知架构无法理解新世界时，就会成为认知世界的障碍。对晚清社会而言，“中体西用”作为文教领域改革的基本知识的发生，正表明以往的“中学”及其形成的认知架构已难以解释、回应西方“富强”的新世界，面临着“知识论危机”。

② 梁启超：《清代学术概论》，上海古籍出版社，1998，第97页。

③ 梁启超：《饮冰室合集（文集之一）》，中华书局，1989，第19页。

④ 陈学恂：《中国近代教育文选》，人民教育出版社，1983，第156页。

习西方自然科学并留学欧洲的严复，兼具自然科学和社会科学的学习经历，其思想不仅能深刻反映近代中国社会的本质，更有一幅针对未来中国社会的蓝图。这种“现代”与“近代”之间的分野，使他的学说与思想远超狭义上的“近代中国”思想家，如“中体西用”论的持有者冯桂芬、张之洞等人。其超越之处，正在于他不是在中国原有的“道统”基础上进行拓展、补充，而是寻求西方文化和中国实际结合的可能性，促使西方文化的中国转化。这一转化的前提，在于澄清“中学”和“西学”的体用关系。

在近代中国思想的历史演进中，除了在晚清社会课程空间中占据核心地位的“中体西用”以外，还有处于另一端的“西体中用”思想。严复的思想，应是介于二者之间。在“体用”关系上，严复主张“体用不二”。“体用者，即一物而言之也。有牛之体，则有负重之用；有马之体，则有致远之用。未闻以牛为体，以马为用者也。”事实上，严复的这一看法，滋生于“体”“用”二分的框架自身。以“体”“用”二分的框架去定义“中学”和“西学”，事实上就已经预设了一种无可避免的陷阱：既然学有“体”与“用”两端，那么，“中学”必然有“中学”的体，也有其“用”，“西学”亦然。若此，“西学”的“体”又在何处呢？严复的思考或正是以此为切入点，进行着课程知识体系的重构。

严复在其《西学门径功用》的演讲中，以科学知识为模型，建构了一种知识的秩序，这成为其课程言说的核心。严复关于“艺本政末”课程话语的内容陈述，是以将“学问之事”分为“专门之用”与“公家之用”为基础的。其中，算、测、化、电、植物诸学是专门的学问，“其用……虽大而未大也，公家之用最大。公家之用者，举以炼心制事是也”[①]。易言之，通过各门学科的学习以实现“炼心制事”的共同目的，是“为学”的基本路径。在这一意义上，严复将“为学之道”分为三步，分别为玄学（名学与数学）、玄著学（力学与质学）和著学（天学、地学、动植之学、其他专门学科、人学、群学）。正是这“三步”，构成了严复关于课程内容的基本设想（见表1-2）。

在严复“艺本政末”的课程改革知识构建中，关于课程内容的言说具有以下两个特点：一是表征着科学的诸多科目成了课程内容的主要构成，且科学的含义并不限于自然科学，更统摄了社会科学；二是在其对课程内容的陈述中，“群学”处于各门学科中的统领位置。对“群学”的格外关注，意味着严复真正关心的，是社会内部的组织与伦理关系。“夫惟人心最贵，故有志之士，所以治之者不可不详。而人道始于一身，次于一家，终于一国。故最要莫急于奉生，教育子孙次之。而人生有群，又必知所以保国善群之

① 王栻：《严复集（第一册）》，中华书局，1986，第94页。

事，学而至此，殆庶几矣。”[①]在此意义上，以科学为主要构成的课程知识内容，则被赋予了作为社会秩序与规范的道德力量，而具有形而上学的色彩。

表1-2　严复对于知识体系（课程框架）的勾勒（1898年）[②]

<table>
<tr><th>求理途径</th><th>为学之道</th><th>学科</th><th>作用</th><th>不足</th></tr>
<tr><td>（演绎）外导之学</td><td>玄学
↓</td><td>（一）名学（逻辑学）
（二）数学</td><td>审必然之理</td><td>过于洁净精微，故专事此学，则心德偏而智不完</td></tr>
<tr><td rowspan="3">推未然之知
↑
据已然之知
内导之学（归纳）</td><td>玄著学
↓</td><td>（一）力学（物理学）——水、火、音、光、电磁诸学，皆力之变
（二）质学（化学）</td><td>知因果之相待</td><td>多近果近因，而无悠久繁变之事，故心德心能，犹未备也</td></tr>
<tr><td rowspan="2">↓
著学</td><td>（一）天学
（二）地学
（三）动植之学
（四）其他专门学科（如农学、兵学、御舟、机器、医药、矿物，等等）</td><td>考专门之学</td><td rowspan="2">（学而至此，殆庶几矣）</td></tr>
<tr><td>（五）人学——心理之学、生理之学
（六）群学——政治、刑名、理财、史学</td><td>“炼心”之事</td></tr>
</table>

当然，如果我们根据严复关于知识的分类，仅仅在分类学的意义上理解严复的课程构架，那可能会略显狭隘。事实上，在严复的知识话语言说中，还包含着方法论意义上的考量。“物理科学（但言物理、则兼化学、动植、

① 王栻：《严复集（第一册）》，中华书局，1986，第95页。
② 吕达：《课程史论》，人民教育出版社，1999，第91页。

天文、地质、生理、心理而言）诚此后教育所不可忽，然欲得其增益智慧、变化心习之大果，又宜知其教授之法，与他项学业划然不同。”[①]针对于此，严复指出了与“中土之学，必求古训”的做法根本不同的求知方法。那么，在严复关于课程改革的话语言说中，其所谓的“划然不同”的求知方法又是怎样的呢？严复认为：“大抵学以穷理，常分三际。一曰考订，聚列同类事物而各著其实。二曰贯通，类异观同，道通为一……于是近世格致家乃救之以第三层，谓之试验。试验愈周，理愈靠实矣，此其大要也。”[②]在这一有关求知方法的陈述中，严复基于实证主义的科学方法论，从观察（或演验）、归纳与试验三个方面阐释了求知的方法。这种实证主义方法论的强调，实际上在从方法论的层面，强调了科学方法对于“心习”的重要意义，“故中国此后教育，在在宜著意科学，使学者之心虑沈潜浸渍于因果实证之间，庶他日学成，有疗病起弱之实力，能破旧学之拘挛，而其于图新也审，则真中国之幸福矣”[③]。由此可见，严复所强调的求知方法，不仅指向了人作用于物的方式途径，也同样指向了人的内在心理结构与思维方式。在这一意义上，“艺本政末”课程改革话语中关于求知方法的陈述，实质上已经具有了普适的意义，带有科学启蒙的色彩。

每一种话语言说必然有其文化想象，也有其意欲实现的文化意志。严复关于知识体系的构建，自不例外。当“艺”被置于“本”的地位，并有了普遍意义上的方法论思考时，严复已然将“艺”与社会、与个人发展进行了必要的内在勾连。就课程话语的目标陈述而言，其所表达的无非是关于课程、人与社会之间关系的某种想象。透过严复关于课程目标功能的相关陈述，我们发现，严复所强调的是培养每一个个体都对国家、社会应尽责任和义务都自我明确的“国民”，而非传统意义上的“臣民”。在《救亡决论》中，严复指出：“所谓陶冶人才者，凡以为国家之用而已，凡以为人主之所取任而已……非教则无以合群，非学则无以完为人之量；是故教育者，欲人人知职分之所当为、性分之所固有已耳，非必拔植其躬以为人才、以为国家所官使，而修政临人也。”[④]在这样的话语言说中，课程至少包含着两重目标：其一，在课程与社会的关系上，它致力于形成对社会秩序的安排与规划，即通过对课程中知识秩序的安排实现对社会秩序的重构；其二，在课程与个体的关系上，其主要的目标在于通过各种专门之学，培养适应国家与社会发展的有素质的“国民”。显而易见的是，在严复的此种言说中，知识已成为一种道德实践。

① 王栻：《严复集（第二册）》，中华书局，1986，第283页。

② 王栻：《严复集（第一册）》，中华书局，1986，第93页。

③ 陈学恂：《中国近代教育文选》，人民教育出版社，1983，第224页。

④ 王栻：《严复集（第四册）》，中华书局，1986，第1210页。

二、视角转换："艺本政末"言说的文化想象与条件

任何一种话语的言说固然有其文化想象与意图实现的文化目的。文化想象和文化目的内在地构成了话语言说的必要性维度。然而，任何一种言说能够成为流通性的话语实践，又必然地需要其得以运行的外部场域作为支持。对严复而言，在"中体西用"这一权威的课程改革话语之外，制造一种在根本上有别于此的言说，实是源于内在视角的转换。

首先，就"艺本政末"的言说视角来看，如果说洋务派"中体西用"的课程改革话语，将其视野投向了政治体制的维护，并在军事（自强）、经济（求富）的视角下进行着关于课程的言说，那么，"艺本政末"的课程改革言说则将其视野从人的身体之外投向了身体以内，关注于身体内部的改造。这种转向，首先与严复将中西之间的知识差异（中学与西学）上升为文化差异的认识相关。对此，有研究认为："（严复）突破了'中体西用论'的思想框架，拉开了由器物、制度层面，向思想、观念、精神层面过渡并进行综合考察的历史帷幕。"[①]正是在这样一种转变之中，有关课程改革的言说视角开始了向"人"的转变。虽然史华兹曾对严复这种基于群体的个体关注做出过正确的评价："假如说穆勒常以个人自由作为目的本身，那么，严复则把个人自由变成一个促进'民智民德'以及达到国家目的的手段。"[②]但无论如何，严复课程话语的言说视角开始了向"人"的转变，是不争的事实。也正是因为这种转变，才使得严复能够依据斯宾塞的相关学说，提出"是以今日要政，统于三端：一曰鼓民力，二曰开民智，三曰新民德"[③]的"三育论"主张，这种着眼于"力、智、德"的国民素质讨论，正是其视角转向人的身体之内的显例。

其次，就"艺本政末"言说的知识想象来说，它表达了以"群学"为统领的各种科学知识相互依赖的关系，这意味着科学及科学知识超越了"中体西用"课程话语中局限于"用"的价值定位，而具有了道德的性质。对于严复来说，"群学"（社会学）的重要性，不仅在于它作为一个特殊的社会科学学科自身，更在于它作为一种能够安排各种知识的秩序，进而安排社会秩序的功能。正因为此，"群学"的核心是"宗天演之术，以大阐人伦治化之事"。基于这一认识，科学被强调的原因，正在于"是故欲为群学，必先有事

① 肖朗：《异源同流 殊途同归——严复与王国维导入西方教育思想的比较研究》，《华东师范大学学报（教育科学版）》2001年第4期。

② [美]本杰明·史华兹：《寻求富强：严复与西方》，叶凤美译，江苏人民出版社，2010，第96页。

③ 王栻：《严复集（第一册）》，中华书局，1986，第27页。

于诸学焉”[①]，即各科科学是发展“群学”的前提条件。通过这一梳理，我们发现，严复关于课程是以各门具体科学为主要构成的内容陈述里，实质上包含着对科学的道德想象。自然科学、社会科学等等以“群学”为分科原则，以实证为基本方法的知识谱系，并不仅仅意味着知识的专门研究，而更具有伦理道德的职能，即对社会秩序的重新安排。在这一意义上，与其说严复所理解的科学是具有实证主义倾向的，毋宁说它更具有形而上学的色彩。

再次，相比较于“中体西用”课程改革话语致力于打造“臣民”的教化意志，严复显然是着眼于国民素质的改造，而展现了其致力于培养新式“国民”的教化意志。这种着眼于培养新式“国民”的教化意志，首先表现为严复对于传统教育培养“臣民”的批判，这种批判集中体现为对人才选拔机制，即“科举制”的批判。严复认为，科举制有三害，分别为“锢智慧”“坏心术”“滋游手”，以科举为人才选拔机制，不过是“牢笼天下，平争泯乱之至术”[②]，所造成的则是民智、民力与民德的衰败，对这三个方面的改造则构成了培养新式“国民”的主要内容，而其中尤以“民智”为要。之所以如此，与此前科学方法论所具有的道德意义不无关联。科学方法论所注重的归纳思维，所强调的观察、试验的方法，对于打破传统学说的樊笼，开启思维显然有着积极的意义。而“一切物理科学，使教之学之得其术，则人人尚实心习成矣”对于自由、民主等伦理道德风尚的形成，更是具有奠基性的作用。只有坚持实事求是的态度，才有可能谈及思想的独立自主，进而实现个体自由、社会民主的道德理想。

应该指出，“艺本政末”的言说因其着眼于一种文化的视野，而将目光投向了人的身体改造，并因其对科学及科学知识的道德想象，确立了科学在课程空间中的核心地位，从而形成了以科学教育为核心的课程改革构想。这一有关课程改革的言说明显突破了“中体西用”的课程言说框架，表达了其意欲实现的文化目的。然而，在当时的历史时空脉络中，毕竟“中体西用”的课程改革话语才是在课程空间中占据着主流位置的“真理”，历史又提供了怎样的情境，使得“艺本政末”的言说能够获得流通呢？

就近代中国的课程空间而言，“艺本政末”这一关于课程改革的言说虽未经过晚清政府的认可而以制度化的方式获得流通，但这一课程话语言说所处的特定场域，及其与社会空间中其他看似并不搭界的陈述之间相互勾连，事实上内在共享了一套特定的“话语构型”，加之严复在言说时的位置

① 王栻:《严复集(第一册)》，中华书局，1986，第17页。

② 王栻:《严复集(第一册)》，中华书局，1986，第2页。

转换与策略运用，从而成为散落在当时社会空间中的一套陈述、一种元素。

我们不妨首先从严复在言说“艺本政末”时的位置转换与策略运用说起。话语及陈述功能的发挥，往往并不和是“谁”在言说有关，而和谁在什么“位置”上言说有关。对严复而言，这个问题更加突出。作为晚清社会异域留学的归来者，不可避免地需要面对两种冲突、对立的文化。而严复在西方社会、政治、经济和文化领域的广泛且深入的涉猎，使得两种文化在他身上留下的裂痕尤为明显。他常与郭嵩焘“论析中西学术政制之异同，往往日夜不休”[①]，足见他对中西方文化之异同的体悟之深刻。然而，这种中西学术政制有别的认识，其实已经超越了当时晚清政府对留学生所学范围的限定。为此，当严复于1879年学成回国之后，他远超晚清政府限于“技艺”学习范围的见识，就成了他遭受嫌忌的根源。就此，李鸿章关于严复“患其激烈，不之近也”[②]的评价便是明证。为了化解这种尴尬，严复不仅拜当时的桐城派大师吴汝纶学习古文，试图以当时主流阶层喜好的“古文”从事他的翻译工作，“吾译正以待多读中国古书之人”[③]。当吴汝纶为严复的《天演论》作序时，他所极力推崇的，却是严复的中学功底：“今西书虽多新学，顾吾之士以其时文、公牍、说部之词，译而传之，有识者方鄙夷而不知顾。民智之瀹何由？此无他，文不足焉故也。文如几道，可与言译书矣。”[④]对于吴汝纶的序，鲁迅曾有过精到的评价：“留学生只会讲鬼子话，所以算不了‘士’人的。因此他便来铿锵一下子，铿锵得吴汝纶也肯给他作序，这一序，别的生意也就源源而来了，于是有《名学》，有《法意》，有《原富》，等等。”[⑤]可见，在晚清社会空间中，能否说出些什么有影响力的话来，位置的获得至关重要。严复既不属于传统士大夫，又不属于科考出身的康有为等群体。当他将自己定位于用古文进行翻译时，自然不仅是一种言说的策略，更是意图将自己置于本土立场的“士人”的位置之上进行言说。

如果说言说位置的调整及策略上的运用是属于个体性的，那么，整体社会语境的变化，则为严复关于“艺本政末”课程改革的言说提供了更为广泛的条件。对此，甲午战争的失败极具思想史意义。它引发的社会心态变化和人们言说、思考视角的变化，正是社会语境变化的重要因素。甲午战争的失败，至少表明了自19世纪60年代以来的洋务运动，以及在社会各个

① 王蘧常：《严几道年谱》，商务印书馆，1936，第7页。

② 王蘧常：《严几道年谱》，商务印书馆，1936，第9页。

③ 王栻：《严复集（第三册）》，中华书局，1986，第517页。

④ 王栻：《严复集（第五册）》，中华书局，1986，第1318页。

⑤ 鲁迅：《鲁迅全集（第四卷）》，人民文学出版社，2005，第390页。

层面占据主导地位的“中体西用”的话语方式，在严峻现实面前的乏力。更为重要的是，甲午战争失败导致的整个社会中弥漫的恐慌、焦虑、痛苦的心情，事实上变成了“促成理性思索的背景”[①]，从而为不同于“中体西用”课程改革话语，存有分化与冲突的课程言说提供了某种语境。这一语境的构成，首先在于其在思维方式上突破了“中体”的局限。甲午战争的失败，意味着克拉克(Edward A. Kracke)所言说的“在传统中变”(change within the tradition)的思维方式自身的局限性，在1895年之后，“在传统外变”(change beyond the tradition)成了一种新的取向。着眼于政治体制变革的维新运动的发生、科学对于“格致”的逐步取代，都说明了这种语境的存在。“艺本”意味对科学的理解由“形而下”提升到了“形而上”的地位，这种有关科学知识的想象能够发生并获得社会空间中的流通，与当时“在传统外变”的历史语境不无相关。其次，甲午战争的失败，还促使“新民”成了一种普遍的社会思潮。严复以“身体的疾病”构成的对于国体衰弱的隐喻，引发了此后一系列有关“新民”的学说，如梁启超的“新民说”、陈独秀的“新青年”、冯友兰的“新原人”以及鲁迅对于国民性改造的关注等等，事实上都表明当时“新民”思潮的兴起及其延续。在这样一种语境下，着眼于“文化—人”的视角，以国民素质改造为教化意志的“艺本政末”的课程改革言说，自然会获得生成及流通的空间。

“艺本政末”作为一种不同于主流话语的课程改革言说，一方面因其在话语构型上与“道器论”之间存在背离，另一方面又因其与晚清文教政策的相悖，意味着这一关于课程改革的言说，不可能以制度化的形式获得确认，它只能存在于特定的话语空间之中。这一特定的“话语空间”，与哈贝马斯的“公共领域”[②]存在某种相通性，它是介于国家与社会之间公民参与政治活动的公共空间。有研究者据此认为，民间报刊、知识分子、言说主题分别构成了公共领域的外部条件、必要条件和决定条件[③]。据统计，1895—1898年间，出现了约60种报纸，76个学会。民间社团和报刊业的兴起，这为“艺本政末”课程话语的生产及流通提供了空间，并促使这些关于课程的言说从口头文字宣传走向实践阶段。以此观照关于“艺本政末”的相关言说，我们发现，“艺本政末”无论是产生还是流通，均与报刊业的发展有着莫大的联系。《论世变之亟》、《原强》及《救亡决论》均于1895年发表于《直报》，集中表达着其课程思想的《西学门径功用》，虽本是严复在通艺学堂的演说

① 葛兆光:《中国思想史》，复旦大学出版社，2009，第532页。

② 汪晖、陈燕谷:《文化与公共性》，生活·读书·新知三联书店，1998，第125页。

③ 吴燕:《晚清上海印刷出版文化与公共领域的体制建构》，《江海学刊》2004年第1期。

辞，但其流通却是因《国闻报》的刊载。应该说，正是由于报刊出版业及学会所开辟的话语空间，“艺本政末”的课程改革言说，才能在未获制度化确认的前提下获得“实践”功能。

社会达尔文主义的传入及其造就的社会思潮，无疑为晚清关于课程改革的言说提供了新的框架和语境。就社会达尔文思潮的影响而言，杜亚泉曾评论道：“生存竞争之学说，输入吾国以后，其流行速于置邮传命，十余年来，社会事物之变迁，几无一不受此学说之影响。”[①]社会达尔文思潮在近代中国的兴起，它至少在两个层面为严复关于“艺本政末”的言说提供了条件：其一，它促使近代中国从礼的秩序中摆脱出来，而走向了力的秩序。就儒家思想内部而言，它除了修身之外，还有“经世”[②]的另一面，且其“经世”的这一面早在自强运动之中就已展现为富强之力在传统礼治秩序中的嵌入，但社会达尔文思潮以其优胜劣汰、适者生存等残酷无情的字眼对传统中国温情脉脉的礼的秩序所构成的冲击，显然加速了礼的秩序正当性解构的速度。其二，更为重要的在于，社会达尔文思潮的兴起，使得同样致力于国家富强而建构有力的秩序的重心，在1895年前后发生了变化。这种变化主要表现为以器物为中心的富强转向了以人为中心的富强之路。对此，我们或可从史华兹对严复的分析中获得解释。“斯宾塞、斯密，在一定程度上也包括穆勒，都使严复相信作为西方发展的原因的能力，蕴藏在个人之中，而且，这些能力只有在一个赞许种种个人利益的环境中才能真正体现出来。”[③]严复关于“艺本政末”的言说中对于人的关注，致力于通过知识谱系重构社会秩序，以及致力于国民素质更新的教化意志，集中表达了严复经由个体实现“群”的社会理想，在这一理想背后的，则是社会达尔文主义提供的“永不满足、不断进取的‘浮士德精神’”[④]。

应该说，正是甲午战争的失败所具有的象征性意义，民间话语空间的开辟以及社会达尔文主义提供的言说框架及其作为一种思潮的影响力，使得“艺本政末”的课程改革言说能够在晚清课程空间中得以发生、流动，使之虽未获得制度化的确认，却在一定的层面上具有实践的功能而成为一种有力的话语实践，引领并促使着近代中国课程的转型。

① 许纪霖、田建业：《杜亚泉文存》，上海教育出版社，2003，第343页。

② 张灏：《张灏自选集》，上海教育出版社，2002，第58—81页。

③ [美]本杰明·史华兹：《寻求富强：严复与西方》，叶凤美译，江苏人民出版社，2010，第162—163页。

④ 许纪霖：《现代性的岐路：清末民初的社会达尔文主义思潮》，《史学月刊》2010年第2期。

三、科学赋魅:“艺本政末”对权威课程改革话语的冲击

严复“艺本政末”的课程改革言说将作为科学的“艺”置于一个根本的地位,突破了“中体西用”课程改革话语局限于“用”的价值定位来言说“科学”的既有框架。这种突破的意义并不局限于科学地位的上升以及赋魅于科学,更表现为视角的转换和知识谱系的重构。

虽然“艺本政末”的课程改革话语与“中体西用”的课程改革话语均是在一种“救亡图存”的整体社会脉络中生成的,两种有关课程的言说也都包含着对于“富强”的寻求。然而,视角的差异,使得实现“富强”的路径上存在根本的分歧。恰是因为这种分歧,开启了近代中国科学之于个体改造的滥觞之门。在“艺本政末”的课程改革言说中,治科学的过程实质上就是一个“治练心能”“变其心习”的过程。“然而西学格致……其绝大妙用,在于有以炼智虑而操心思,使习于沈者不至为浮,习于诚者不能为妄”[①],更重要的在于,严复特别强调了科学方法的实证精神及其对于独立人格和批判精神的培养价值。习格致“必使自竭其耳目,自致其心思,贵自得而贱因人,喜善疑而慎信古”[②],如此获得的关于科学的种种认识(公例),自然可以做到“虽有君父之严,贲、育之勇,仪、秦之辩,岂能夺其是非”[③]的信念。在这一意义上,科学之于个体的意义,与其说是一种内在的“心习”“心能”的改造,毋宁说是给出人与世界相互交际的方式,也因此给出了人之特定的存在方式。而如果我们将视野从“艺本政末”的课程改革话语中跳出来,投向这一课程改革话语生成之后的历史空间,我们也将发现,这种着眼于个体改造的科学功能陈述,与此后知识分子着力推动的“身体改造运动”之间,似乎有着根本一致的话语构型和文化想象。而相关学者[④]所指出的这一以“开民智”为目的的启蒙运动,因政治力量的介入,而成为战斗意味强烈的文化运动和政治宣传,更是从侧面说明了这一课程改革言说的话语构型及其想象所具有的强大实践功能。

就“艺本政末”关于课程内容的陈述来看,其所理解的科学既包括自然科学,如物理、化学、天文等,又包括以“群学”为指称的社会科学。但从根本关系上来说,“群学”是作为知识的知识或科学的科学被理解的,它对于各个自然科学的学科而言,具有优先性:“是故欲为群学,必先有事于诸学

---

① 王栻:《严复集(第一册)》,中华书局,1986,第45页。

② 王栻:《严复集(第一册)》,中华书局,1986,第29页。

③ 王栻:《严复集(第一册)》,中华书局,1986,第282页。

④ 李孝悌:《清末的下层社会启蒙运动:1901-1911》,河北教育出版社,2001,第15页。

焉。"[1]在严复的知识想象中，群学作为"宗天演之术，以大阐人伦治化之事"的理解，表明了群学所具有的社会道德性质，并因此使得自然科学的各门学科都被赋予了道德的含义。其一，以生物学的有机体概念建构了自然知识、社会知识和道德知识之间的连续关系。"艺本政末"课程话语以玄学、玄著学、著学构建了名、数、质、力、生理、心理以至社会学的知识谱系，并不是建立在原子论的基础之上，而是建立在强调结构功能关系的生物的有机体概念之上，并赋予了以服务于国家及社会的群学以各科之学统领的地位。其二，科学知识作为道德实践还表现为严复将教育制度及知识体制视为社会的构造方式。在严复看来，新的知识制度的建立蕴含着新的社会体制结构，这也正是其用群学统摄诸学的目的所在。在其《救亡决论》中，严复以斯宾塞的《劝学篇》为根据，指出"西洋今日，业无论兵、农、工、商，治无论家、国、天下，蔑一事焉不资于学"[2]，所表达的正是科学知识与社会秩序建构之间的内在关联，并因此赋予了科学知识以道德的性质。当然，有必要指出的是，这里所谓的"道德"，并不同于中国传统哲学着眼于个人修养的"私德"，而是以"合群"为尺度的，涉及人与人之间关系的"公德"。恰在此意义上，有研究指出："而在严复看来，道德其实是一种调整人际关系的手段和工具，它承担的是社会方面的功能而非其他。"[3]

"艺本政末"的课程改革话语作为近代中国危亡时刻的一种课程构想，与社会达尔文主义提供的话语资源有着直接的联系，这种联系的发生，意味着这一课程话语的言说，还包含着另一种关于科学的想象：即作为自然科学的进化论，可以为社会的整体变革提供合法性的依据。换言之，科学由于进化论学说在社会领域中的弥散，使得其开始逐渐地上升为一种世界观，而具有了形而上学的性质。对此，波普基维茨（Thomas Popkewitz）曾做过以下表述："现代化的国家、个人发展之理念、科学可以导向一个更完善的世界，以及要开展出一种计划性的改革。诸如此类的观念可以说是西欧与美国所发展出的宇宙论（cosmology）的一部分。"[4]科学所具有的此种意味，我们同样可以从严复的相关言说中获得印证。严复以"天演"作为对指涉"进化"的"Evolution"加以阐释的翻译策略本身就很值得玩味。在中国传统文化的积淀中，"天"字本身似乎就是行动的最高准则，"天演"的叙事

① 王栻：《严复集（第一册）》，中华书局，1986，第17页。

② 王栻：《严复集（第一册）》，中华书局，1986，第48页。

③ 田薇、胡伟希：《略论严复的天演论道德观及其对中国传统伦理思想的突破》，《教学与研究》2005年第7期。

④ [美]波普基维茨：《教育改革的政治社会学：教学、师资培育及研究的权力/知识》，薛晓华译，巨流图书股份有限公司，2007，第50页。

正是借助了传统思想中根深蒂固的天理观,而赋予了科学作为一种世界观的地位。近代中国之后,无论是课程领域、教育领域,又或者是社会的其他领域频频发生的变革,事实上都与科学对于进步的许诺不无关系。

综上所述,虽然在甲午战争之后,"中体西用"的课程改革话语因其背后的政治权力支撑而依然占据着课程空间中的主流地位,但一种与之有着不同文化想象的课程改革话语正在特定的场域之中生成并流通,发挥着实践的功能。"艺本政末"的课程改革话语着眼于"文化—人"的视角,以群学为统领的知识谱系重构表达其致力于打造新式"国民"的教化意志。在这一课程改革话语影响之下,科学突破了"用"的价值定位,从而兼具社会道德实践与个体启蒙的双重意蕴,更为重要的是,科学在为社会变革提供合法性基础的同时,也将自己推上了其意欲颠覆的理学所具有的世界观的地位,从而开启了对于理性的结构性替代之路。

第二章

课程空间中的科学话语实践

课程空间的每一次重构总会与知识的更新有着密切的联系。无论我们是用变迁还是用有目的的改革来形容课程领域的重构行为，它们总是与认识论的转变息息相关。事实上，从文化的角度来看，作为一种话语实践，任何一种知识的创新都表达着话语主体对知识传统的不满及其意欲实现的文化目的。正是在这一意义上，不同于库恩(Thomas Kunn)在分析科学革命时局限于理念本身所设想的理想化情境，新知识的发生既源于当下的社会情境，又以独特的视角使知识在新的话语构成方式中进行着重构社会的实践。因此，一种人文科学话语的发生必然意味着与当下社会结构之间紧张的实践关系，意味着与知识传统之间的冲突与斗争。

在1923年的课程改革中，人们能够说出关于课程完全不一样的话来，大体与课程空间中"科学话语"占据支配地位，成为课程改革的基本知识有关。晚清权威课程改革话语以科学定位于"用"的相关论述，引发了课程空间中"中学"与"西学"共存的结构性变革。在此影响下，不仅科学以"西学"的名义"登堂入室"，成为晚清课程空间中的合法存在，更重要的是，由此产生的关于"科学"的论述，在此影响下生产的新式知识分子，实际上在课程空间中埋下了大量的异质话语元素，从而为新的话语生成提供了可能性。晚清社会末期，甲午战争、科举废除、文实分科等一系列事件的发生及由此触发的相关论述，都在无形之中勾连着处于主流话语边缘的"科学"论述，使其不断汇聚为一种新的言说方式，成为具有总体意义且符合特定言说规则的"科学话语"，并一跃成为支配课程空间发生变革的基本知识。如此，摆在我们面前的问题是，作为支配1923年课程改革得以发生的"科学话语"，是如何历史地形成，其构型若何？它又是如何作用于课程空间，成为1923年课程改革的相关主张得以被言说的内在规则，使1923年课程改革表征着西学之于中学的"全面胜利地位"[①]？一切问题的答案，大约还是要回到"科学话语"之中寻求。

第一节　话语构型：以"科学"为对象的论述

科学话语的形成及其流通，往往被称为"科学主义"。从已有研究来看，科学主义在近代中国的历史演变大略有两种面向：一是由严复所开启

① 吕达：《课程史论》，人民教育出版社，1999，第337页。

的科学主义思潮，经过五四时期的空前发展，特别是经过1923—1924年科学与玄学论战，形成了20世纪经验论科学主义，其代表人物是胡适、丁文江和王星拱；一是以张申府、张岱年兄弟为代表的唯物论科学主义，强调把科学主义与辩证唯物主义结合起来，同时吸取中国传统哲学的精华，以熔铸成一种新形态的哲学。[①]可见，即使将目光聚焦于近代中国的特定语境，科学主义也是相对复杂且充满异质的存在。就此而论，简单地对近代中国关于“科学主义”的论述进行理论抽象，并加以概括，可能会略显草率。一种可能的思路是，抛开科学主义的种种纷争，聚焦于“科学”概念自身，在历史的爬梳中，通过科学概念的历史演进，揭示近代中国关于科学的话语言说了什么，提供了怎样的理论视野和框架。

一、“分科之学”意义上的知识体系重构

赋予近代意义上的“科学”概念以“分科之学”的含义，并以此作为“科学”最基本的首要特征，和西方现代意义上学科的诞生历程有着莫大的联系。有研究表明，17至18世纪，新的科学虽然继续被称为“自然哲学”，但分清了自然知识与其他知识的界限。正是在这一意义上：“我们现在细分的物理、化学和生物就是从17世纪中叶到18世纪末，从自然哲学中分门别类出来的……社会科学稍后从道德哲学中分裂出来……其他现代人文科学则首先以古典语文学的形式出现，其后衍生出历史、现代语言甚至艺术史。”[②]可见，现代学科的诞生历程实际上正是作为统整的知识不断分化的过程，而在这一过程中形成和确立的“科学”观念首先是指向“分科之学”的。从近代中国的实际来看，这也正是“科学”在近代中国社会传播中隐含的第一重含义。换言之，就近代中国社会而言，作为“分科之学”的科学观念实是最早被确立并得到传播的。对此，有研究者曾指出：“今日赛先生意义上的‘科学’，早年多译作‘格致(学)’，那时人们说‘科学’多指‘分科之学’及‘分科治学’之意。”[③]当然，需要指出的是，此种观点虽然揭示了科学作为“分科之学”在近代中国的最初含义，却似乎没有充分考虑到科学作为“分科之学”在近代中国的深化与发展。事实上，即便是在“分科之学”的意义上，科学这一概念在近代中国的理解依然呈现出了不断深化的趋势，这

① 李维武：《中国科学主义思潮的百年回顾》，《哲学动态》1999年第12期。

② [美]华勒斯坦等：《学科·知识·权力》，刘健芝等编译，生活·读书·新知三联书店，1999，第16页。

③ 罗志田：《中国学术分科的演变》，《光明日报》2002年3月26日。

可以从近代中国对西文“science”一词两种不同的翻译中得到印证。

其一，在以“格致”作为对“science”的指称中，我们发现，“科学”作为“分科之学”的意义主要局限于自然科学领域，且在更为狭义的意义上，仅指涉物理学。这较为明显地反映在近代中国对西学的采用与西方相关著述的译介上。如冯桂芬在1861年的《采西学议》中就主张将西方的算学、重学、视学、光学、化学、舆地在内的“舆算之学”加以采用，在他的论述中，算学、重学、视学、光学、化学等，皆得格物至理。在冯桂芬的论述中，格致代表着西学的各个学科，是较为宽泛的理解。至19世纪90年代，郑观应在《盛世危言》中，认为声学、光学、电学、化学之类皆属于“格致科”，这里的“格致”事实上是作为与“艺学科”“杂学科”相并列的一个分支被看待的，三者共同涉及了西方自然学科的主要分支学科，对“格致”的理解处于收缩之中。此外，在同期对西方相关著述的译介中，我们也同样发现“格致”所意味着的“分科之学”仅局限于自然科学的例证。如此期来华的传教士伟烈亚力(Alexander Wylie)、傅兰雅(John Fryer)与李善兰合作所译的牛顿名著《自然哲学的数学原理》，其中译名即为《数理格致》。这里的“格致”明确对应着英国的“自然哲学”[①]。综上而言，就近代中国以“格致”指称“science”的历史时期而言，科学作为对“分科之学”的理解尚局限于自然科学之内。

其二，以“科学”取代“格致”，意味着“格致”意义上较为狭隘的“分科之学”的理解已经无法涵盖当时的知识体系。“科学”一词的运用，本身反映了晚清社会对“分科之学”理解的深化。这一论断同样可以从当时人们对于西学的认识及国外著作的译介中得到体现。有研究指出，“甲午战败促使国人对此前洋务运动及洋务教育的功过是非问题进行检讨和反思，并在此基础上将国人对西方science‘学术分科’性质和特征的认识提升到更高的层次和水平。”[②]如甲午战败之后，梁启超曾指出：“中国向于西学，仅袭皮毛，震其技艺之片长，忽其政本之大法。”[③]并在此基础上提出了要以政学为主义，以艺学为附庸的观点。而张之洞所谓“西学亦有别，西艺非要，西政为要”[④]的论述，均表明当时国人在观念层面，对科学作为“分科之学”的理解已经超越了自然科学的层面，业已包含了近代人文社会科学及其各分支

① 樊洪业：《从“格致”到“科学”》，《自然辩证法通讯》1988年第3期。

② 肖朗、王鸣：《近代中国科学观发展轨迹探析——以清末民初science概念内涵的演化为中心》，《浙江大学学报（人文社会科学版）》2013年第7期。

③ 林志钧：《饮冰室合集（文集之一）》，中华书局，1989，第105页。

④ 张之洞：《劝学篇》，中州古籍出版社，1998，第43页。

学科。而率先将“科学”一词引入近代中国的康有为①,更是在其编纂的《日本书目志》中分15个门类对日文图书做出引介。在这一分类法中,“分科之学”已然涵盖全部的知识领域,不但理所当然地包括一贯以来的自然科学,更容纳了人文社会科学于其中,科学作为“分科之学”的本质特征开始在近代中国得到深刻而普遍的认同。

综上所述,科学主义在近代中国提供的第一重理论视野,是基于科学作为“分科之学”的本质特征而给定的。这一理论视野从根本上限定并重构了近代中国社会中的知识谱系。在科学作为“分科之学”的理解中,一切经验领域都将在科学的分科框架中得到安置,并构成一个完整的知识整体。换言之,那些冠之以“传统”的各种知识与经验,或经过科学的解释得以合法地进入知识谱系,或是作为一种虚假的知识被排除在外。正因为此,西方一些学者关于中国传统经验的论断才得以出现。黑格尔(Hegel, G.W.F.)指出,审视中国传统经验,只会看见“一种常识道德……这是毫无出色之点的东西”②,无独有偶,艾尔曼(Elman, B.)也曾指出,持各种主义者都断言,中国人从来没有创造过任何科学。③这种关于传统中国不曾有过科学的论断,当然是在作为“分科之学”的科学观念之下将中国传统经验排斥在外加以思考的结果。虽然它不尽真实,但用以佐证中国传统经验在近代中国遭遇作为“分科之学”的科学,进而被重新安置或消除,却再合适不过。

二、“公理公例之学”的伦理道德关切

在“分科之学”意义上成为统摄所有经验的“科学”,蕴含了由此构建的知识体系可以推及包括自然、社会与人生在内的所有领域,或者说,蕴含了由此构建的体系与实存的自然、社会与人生之间存在具有确定性的一一对应关系。这一由此及彼的推及过程,事实上隐含着科学作为“公理”的前提,即将科学视为对普遍规律进行揭示并加以认识的理解。就近代西方社会而言,这里所谓的规律,并不仅局限于自然领域,更包括了广泛意义上的人类社会。这可以从十九世纪西方以孔德、穆勒及斯宾塞等为代表的实证主义哲学对社会学的理解中得到印证。实证主义哲学强调人类社会具有

① 关于近代中国最早引进“科学”一词的中国人,尚存有严复、王国维、唐廷枢等不同的说法,本文所取说法为学界较为一般的认识。

② [德]黑格尔:《哲学史讲演录》,贺麟、王太庆译,商务印书馆,1959,第119页。

③ [美]本杰明·艾尔曼:《中国近代科学的文化史》,王红霞等译,上海古籍出版社,2009,第212页。

规律性，认为社会学如同以物理学为核心的自然科学一样，旨在揭示人类社会的一般规律及运行法则，一如自然科学对自然界普遍规律的揭示一样。在这一意义上将科学理解为“公理公例之学”，显然也在近代中国获得了思想上的普遍认同。如梁启超曾指出：“颉德以为人也者，与他种动物同，非竞争则不能进步。或个人与个人竞争，或人种与人种竞争，竞争之结果，劣而败者灭亡，优而适者繁殖。此不易之公例也。”[①]这种将生物学意义上的法则运用于人生与社会领域的做法，表达了将科学作为“公理公例之学”看待的朴素理解，并实际地构成了近代中国社会中普遍的认识之一。当然，需要指出的是，虽然近代中国与西方社会在科学作为“公理公例之学”的基本理解上存在一致性，但这一理解在近代中国所提供的理论视野有着其自身的独特性。这种独特性集中表现在科学与“启蒙”使命的紧密联系之中。正是因为这一独特理解，科学作为“公理公例”不仅适用于自然领域，也同样可以在伦理道德领域对人的精神加以改造，并因此实现科学对于社会进步所做出的许诺。这一理解主要体现在下述的两重转化之中。

第一重转化是将社会改造这一人与社会的主客体实践关系，转化为人与自身的道德实践关系。正是在这重转化之中，涉及家庭、国家、民族与社会的多层次结构问题，被集中表述为个体自我更新问题。这一转化方式，似乎在清末民初的相关论述中就已经广为存在。如当时的“新民说”和教育领域中的“军国民主义”盛行，大体都与这种转化方式背后的逻辑相关。需要指出的是，当时相关论述的理论视角并未投向人的精神层面，而更多是从知识、制度与身体的角度展开的，因此尚不具备“启蒙”的意义。然而，“五四”前后，陈独秀“吾人首当一新其心血，以新人格；以新国家；以新社会；以新家庭；以新民族”[②]的论述中，其“从头忏悔、改过自新”以实现“一新其心血，以新人格”的解决方案中，却已经指涉了人对自我精神的重新认识与反思。而在其《吾人最后之觉悟》一文中，更是将“伦理的觉悟”作为社会政治、经济、法律等变革的前提加以看待，并称之为“吾人最后觉悟之最后觉悟”[③]。问题在于，个人伦理层面的觉悟与上述科学作为“公理公例之学”又有何内在联系呢？这将涉及下述的第二重转化。

事实上，科学作为“公理公例之学”向伦理领域的转化，恰是建立在“觉悟”这一概念之上。首先，科学意味着理解宇宙真理、并实达完美的世界的一种方式。就一种“启蒙”意义上的科学观而言，完美的世界并不存在于理

① 林志钧：《饮冰室合集（文集之十二）》，中华书局，1936年，第79页。

② 陈独秀：《独秀文存》，亚东图书馆，1922年，第43页。

③ 陈独秀：《吾人最后之觉悟》，《青年杂志》1916年第6期。

学家们所预设的先验的宇宙之中，而仅存在于以科学的方式所进行和推动的历史进步之中；其次，就“觉悟”所具有的具体意涵而言，它是按照科学的方式来理解世界，并将这种理解付诸行动。因此，这里对于科学的理解，显然是建立在一种经验论基础之上的，即完美不是某种预设，而是一种科学实践的结果。再次，正是上述理解中，觉悟的概念将科学与正确的信仰和知识联系在一起，并在将所有的宗教、哲学、道德和政治的见解视为偏见的过程中，实现了科学所具有的启蒙意义。也正是在这一意义上，科学作为“公理公例之学”，即作为对世界规律的认识与对人的道德能力的认识两方面，不存在任何冲突，科学的概念也因此与人的伦理道德的完善更新具有直接的关联。基于这一理解，作为“五四”运动旗手的陈独秀曾这样指出：“余辈对于科学之信仰，以为将来人类达于觉悟获享幸福必由之正轨，尤为吾国目前所急需，其应提倡尊重之也，当然在孔教、孔道及其他宗教哲学之上……”[①]这一将科学应用于伦理道德领域，将之作为实现人的“伦理觉悟”的手段，并将其作为“反孔”武器的做法，构成了“五四”运动的基本认识，并进一步深化了科学作为一种“主义”的地位。

综上所述，科学作为“公理公例之学”的理解面向，是建立在其作为人的“启蒙”手段与涤清“孔教”等传统伦理道德学说的武器的意义之上的。如果说，前述作为“分科之学”的理解面向将视野投向了知识谱系重构，那么，建立在“启蒙”意义上的科学作为“公理公例”的理解面向，则是在科学作为一种手段与武器的理解中，将其视野投向了个体精神层面的更新而致力于人的解放。虽然表面看来，这种意图通过个体改造进而实现社会进步与传统通过个体“修身”通达“平天下”的路径有着某种一致性。但必须指出，作为“公理公例之学”的科学理解是建立在经验论基础之上的，它并未预设如“天理”之类的先验之物。因此，科学在此虽然将其视野投向了个体精神层面，但却因其将知识视为个体的自我探索历程，消解了知识“代圣人立言”的象征意义。正是在这一意义上，科学作为“公理公例”向伦理道德领域的投射，促使了近代中国“人”的被发现与个性解放思潮的涌动。

三、“方法之学”意义上的科学普遍化

科学作为“公理公例之学”的理解之所以可以获得较为普遍的认同，并不是基于权威与信仰的力量，而是有着方法论上的依据。对于此，哲学家

① 陈独秀：《再论孔教问题》，《新青年》1917年第5期。

罗素的下述论断对此有所揭示："显出科学家本色的，并不在他所信的事，而在乎他抱什么态度信它、为什么理由信它。科学家的信念不是武断信念，是尝试性的信念；它不依据权威、不依据直观，而建立在证据的基础上。"[①]此番论述表明，科学作为"公理公例之学"，强调科学对于自然、社会与人文领域具有同等效力的认识，其内在的支撑正是科学作为"方法之学"所具有的优越性赋予的。当然，这里所谓的"方法"，更为确切地应该是指17—19世纪居于主流地位的经验科学的方法论。就此种方法的一般特点而言，它主张通过观察与实验获得大量的经验材料，并以分析与归纳的方法获得对于自然与人类社会的较为确切的认识。近代以来，天文学、物理学、生物学的创立固然与此种方法论具有直接的联系，即便是社会学、政治学、经济学、心理学等，也都不可避免地被打上了这一方法论的烙印。在作为这一方法论的集大成者的孔德之后，实证主义更是作为一种哲学思潮产生着深远的影响。如前所述，近代中国将科学理解为"公理公例之学"是建立在一种经验论的基础之上的。更进一步说，这一理解在近代中国获得确证，是一种方法论意义上的普遍认同，而其认同的对象，则是指经验科学所倡导的实证主义方法论。这种认同的获得，既有对中国传统文化悖论式的态度成分，又与西方社会在科学指引下从黑暗走向光明的经验事实有关。就前者而言，一方面，在晚清社会，文化学界流传着中国传统文化最大的缺陷之一是缺乏实证科学的说法，且进一步认为，正是这种缺乏，使得近代中国处于落后的地位；但另一方面，近代中国很多实证主义方法论的倡导者，都不约而同表现出了对"传统"的亲近，如在"格物"与"致知"的框架中论述归纳与演绎，或是通过对"朴学"的科学解读寻找中国学术传统与西方近代科学的内在一致性。正是在这种悖论式的态度与科学引领近代西方不断走向昌明的经验事实中，从较早期引入实证方法的严复与王国维，至20世纪20年代前后的胡适，实证主义方法论在近代中国的地位不断地获得提升，并逐步奠基了科学所具有的世界观意义。

有必要指出，在近代中国表征着科学作为"方法之学"的实证主义方法论，无论是其理论本身，还是其在近代中国实际的演变轨迹，都有其思想上的丰富性。抽象地概括科学作为"方法之学"的内在意涵，而不考虑其在近代中国的丰富意涵，并不妥当。本书无意消解历史自身的丰富性，但从最基本的理解出发，我们认为，近代中国，科学作为"方法之学"，其基本的主张即是强调观察、试验与归纳的方法。这种理解，早在严复时期已获得确

① [英]罗素：《西方哲学史及其与从古代到现代的政治、社会情况的联系（下卷）》，《商务印书馆》，1976，第46页。

立。严复在其译著《穆勒名学》中将近代自然科学称为“实测内籀之学”，所强调的，正是观察与归纳的方法。“其为学术也——皆本于即物实测，层累阶级，以造于至精至大之涂，故蔑一事焉可坐论而不足起行者也。”[①]在此，所谓的“实测”是强调观察之于科学认识的重要意义。而所谓的“内籀”则是观化察变、见其会通、立为公例，意即逻辑学意义上的归纳法。至于“实验”，严复也曾引用《天演论》中的相关论述，以证其重要性：“始于实测，继以会通，而终于试验。三者阙一，不名学也。而三者之中，则试验为尤重。”[②]严复的这一观点，基本上构成了近代中国对科学作为“方法之学”的基本认识。当然，这里有必要稍微提及胡适。在胡适看来，科学方法不单是归纳法，而是演绎与归纳互相为用的。但透过胡适的相关论述，尤其是他关于中西方治学方法的评论，胡适事实上也是强调经验常识，更加看重归纳法的。胡适认为，中西方治学有着基本的相同点，那就是他们都是从人类常识出发的。这种强调从经验常识着手治学的方法，事实上是建立在从特殊到一般的归纳法，而非从一般到特殊的演绎法之上。

应该说，科学作为“方法之学”的基本理解虽然在严复时期即已被确立，但在当时并没有引起广泛的认同。而当胡适在“方法之学”的意义上，将科学与中国传统的治学方法——“朴学”——加以联系时，不仅使科学作为“方法之学”得以植根于中国传统文化之上，更重要的是，这使得科学作为“方法之学”的生命力延伸至近代以前的中国社会。显然，这可以为科学作为“方法之学”的理解面向，提供更为坚实、更加丰富的合法性论证。在这种合法性的建构中，胡适在讨论“科学与人生观”的方式上，是以“科学方法”来表述其人生观的。这种将科学作为“方法之学”，并延伸至宇宙论和道德论的逻辑指向，与中国传统的思维方式及宋明理学天道观的内在逻辑，又具有一致性。这恰恰说明，“科学”在近代中国是作为“理学”的替代物而出现的。也正是在这一意义上，确证了科学作为“方法之学”的普遍适用性。

关于“科学”的陈述虽然在不同层面上发生着演进，但无论是“分科之学”“公理公例之学”，还是“方法之学”，相关论述事实上都围绕着一个若隐若现的主题，亦即“科学”之于常识的意义。换言之，从“分科之学”、“方法之学”和“公理公例之学”的不同层面对“科学”加以陈述，其根本意图正是要将科学上升为一种现代常识，从而实现对传统常识的替代。两种常识的并存及其二元分裂状态，在梁启超一篇写于1910年的专文《说常识》中显露无遗。在这篇专文中，梁启超通过对中国知识界的检视，发现传统文人

① 王栻：《严复集》，中华书局，1986，第23页。

② 王栻：《严复集》，中华书局，1986，第1358页。

学士，只有本国常识，而无现代科学和世界之常识；新式知识分子虽有世界新知的常识，却无本国常识。以至于他发出“全国四万万人，乃无一人有常识”的惊呼。然而，这种分裂的状态在1915年似乎已不复存在，“科学”作为现代常识已完全颠覆了传统常识的地位。在这一年，梁启超在关于常识的另一篇专文《良在(俗识)与学识之调和》中强调，俗识必须经过学科学识(科学)的解释才有意义。他用石头沉于水而浮于水为例，说明这种经验常识，只有经过重力的解释，二者才能获得统一。

对梁启超而言，他可能并没有意识到经验常识与科学知识之间的断裂，正是儒学与现代科学并存的重要原因。他可能更没有意识到，中国传统知识的有效性，最终需要诉诸儒家建立起来的道德话语，而儒家伦理不过是以常识和人之常情为推理模式形成的。一旦科学知识成为常识，以传统常识和人之常情为基础的儒家伦理自然再无根基。但无论如何，在1915年左右，无论是从梁启超的话中，还是从胡适在上海读书时，通过孟子水往低处流的常识推论人心向善的伦理信条，所说出的“不知道水有保持水平的道理，又不知道地心吸力的道理”①中，都可以看到科学作为现代常识对于儒家学说，亦即传统知识合法性的颠覆。而一旦科学成为现代常识，自然会无孔不入地潜入人们的言说之中，教育空间的言说自不例外。更何况，近代中国出版业的兴盛，连带教育出版的发达和新式知识分子强烈的言说欲望，都为作为常识的科学发挥其话语功能提供了必要条件。

第二节　言说空间：教育出版与科学话语实践

随着科学在作为“分科之学”、“公理公例之学”和“方法之学”不同面向上的陈述累积弥散，在晚清民国的社会空间中，科学事实上成了替代儒家学说的一种现代常识，亦即成为支配人们思考、行动和言说的“匿名规则”，无孔不入地渗进每一个具体的社会空间之中。这当然也包括文教空间。不知是历史的巧合，又或是关于科学的言说需要一个属于自己的空间，近代中国出版业的兴盛，连带教育出版的发达，都为新式知识分子和以科学作为话语规则的言说提供了必要的条件。从而使文教空间成为科学话语运作的具体场域。

① 胡适：《胡适自述》，北京大学出版社，2013，第71页。

一、近代中国教育出版的兴盛

近代中国教育出版的兴盛，首先表现在刊物数量的激增上。近代中国的教育出版肇始自晚清时期《教育世界》一刊的创办。罗振玉所创办的《教育世界》虽属私办教育期刊，但其在政治上对皇权专制的支持以及张之洞等清廷要员的鼓励与资助，是其能够得以存活的重要条件。而随着这一刊物的影响日盛，清政府意识到报刊可以作为传播西学、遏制邪说的工具加以利用，于是，1903年，由湖北学务处主办的《湖北学报》应运而生，主要用于反映清政府"新政"时期的教育改革情况和"新政大员"的教育思想，是具有教育官报性质的刊物。此后，教育刊物如雨后春笋般，节节而生。在1900—1902年间，教育期刊的数量仅有一份。而至1910年时，在刊数量已达20份，在1920年时，在刊数量更是达到了46份，其兴盛可见一斑。

近代中国教育期刊的兴盛，还表现为办刊主体的多元。在1920年之前，各地教育厅、教育局、教育署等作为官方主体，皆有创刊之举。而除此之外，出版社更是其中一个重要的办刊主体。以近代中国规模最大的近代化出版企业商务印书馆为例，在《教育世界》于1908年停办之后，商务印书馆接手创办的《教育杂志》就成了近代中国教育期刊史上办刊时间最长、影响最大的一份教育专业期刊。自1909年创刊至1932年休刊，再至1934年复刊和1948年停刊，期间共有33卷390期。而以其每期"五六万字"的篇幅计算，累计当有2000余万字。除了官方和出版社的主体以外，教育团体亦有创刊之举。如清末的教育会、教育研究会等。社团与期刊共生，成为当时一个重要的文化现象。据统计资料显示，在1920年以前，各地教育会创办的刊物总数大约有30份，规模与官办期刊相当，亦产生过重要的影响。而当时的一些大学，甚至中小学，在这种办刊氛围的带动下，也曾积极参与过办刊。如江苏第二师范学校所创的《教育界》等。

近代中国教育期刊的兴盛，还表现在其内容的丰富上。在近代中国教育期刊中，大多数教育期刊在其刊物定位和栏目上，都具有精细的区分。但即便如此，教育期刊在整体上仍然体现了综合与分化的双向发展。据田正平等人的相关研究，近代中国教育期刊中，以教育理论体系分类的专门刊物占比14%，主要由心理学、教师与学生、教育行政等方面的期刊构成。而各类教育刊物占比9%，主要以民众教育、农村教育等为多。如《侨民教育》《农村教育》《宗教教育季刊》等。[①]不仅如此，刊物还涉及各科教育、各级教育、区域教育和世界教育等。仅从栏目设置上也可以窥见其内容的丰

① 田正平、商丽浩：《中国教育期刊的现代化特征》，《高等教育研究》2003年第1期。

富。以《教育杂志》为例，其栏目设置即涵盖有《图画》《言论》《译论》《讲演》《学术》《实验研究》《调查》《法令》《记事》《杂纂》《文艺》《答问》等众多栏目，且会根据时代发展做出相应的调整。这种期刊整体上的丰富多样性和栏目设置上的多样性，自然也是近代中国教育期刊盛况的一种写照。

教育期刊的兴盛，其意义当然主要在于公共话语空间的开辟。为此，在教育期刊中，人们的言说既不是纯粹的个体经验，又不是裹挟着权力的官方话语，而是需要诉诸"公共性"的教育知识及其言说。这不仅意味着作为公共话语空间的教育期刊是面向公众的，更表明其知识生产有普遍性的规约意义。以《教育杂志》为例，其作者主体不仅有教育界的专业人士，也有其他行业热心教育且乐于表达教育观念的业外人员。但在用稿标准上，又有作为公共之准绳的择选标准："未尝研究教育而好执笔谈教育之文字不录，无教育经验而任意作肯定语或否定语之文字不录。"[①]将"研究"与"经验"作为择选稿件的标准，不仅显示了教育期刊作为公共话语空间的开辟，更表明这一话语空间的"公共性"实质上是由科学作为背书的。而其在栏目及主题上的精细划分，则更进一步表明科学作为"现代常识"在教育领域中细致而微的渗入。

二、教育出版与教育知识的积累

近代中国教育期刊的兴盛与繁荣，带来的直接后果就是教育知识的生产与累积。当然，对近代中国而言，尤其是转向以科学为准绳的教育知识生产而言，似乎意味着这些符合"科学规则"的教育言说只能借助于西方的话语。为此，近代中国教育期刊出版中的教育知识言说，似乎不可避免地要以译介作为起点，经由传播和创造完成知识的积累。

在中国传统教育思想及其体系之中，虽然有着诸如"教化""教""学""课程"等一系列的概念范畴，但对于近代以来科学意义上的"教育""教育学""教学法"等概念术语应是闻所未闻。即使在洋务运动之后创办了大量的新式学堂，但西方的教育教学理论及其话语体系，却并未有更多的传播。然而，近代以来教育期刊及出版物的盛行，加速了西方近代科学意义上教育学知识的积累与传播。仅以《教育世界》这一本期刊而言，就曾先后翻译过日本、德国的教育学、教授法、教育史、学校管理、心理学、家庭教育等相关著作数十部。可以说，20世纪世界范围内的近代西方重要的教育名家

① 编辑部:《本志宣言》,《教育杂志》1922年第1期。

名作,在《教育世界》上皆作过推介。经由这些期刊的推介,在民国时期,如蒙台梭利、杜威、孟禄、桑代克、柏克赫斯特、克伯屈、赫尔巴特等一批又一批大师的教育学说和思想,应是当时人们耳熟能详的。尤其是到了民国时期,对国外教育理论和思想的译介,往往多联系当时教育实践的需要而加以译介。

教育期刊不仅注重近代西方经典教育学著作的译介,还注重当时西方新兴的教育理论和思想的传播。如在20世纪初在欧美各国方兴未艾的实验教育学,在当时的《教育杂志》和《中华教育界》等期刊中就有了较为充分的关注。其中,在1912年7月《教育杂志》刊发了署名为"天一"的关于英国《实验教育学》的译介算是肇始之作。翌年,《教育杂志》发表了朱元善署名为"天民"的《各国实验教育学之现状》一文,对当时主要发达资本主义国家实验教育学的代表人物、研究状况和学术成就做了较为详细的评介。德国的梅伊曼、拉伊以及美国的霍尔等人,皆在其研究的范围之列。此外,德国的劳作教育、西方儿童中心主义的教育理论等,作为当时时兴的教育理论,也同等被当时的教育杂志所关注,极大地开拓了当时国内教育理论和思想的视野,为教育空间中一种新的言说奠定了知识基础。

除了关注西方教育理论知识的传播之外,中国近代教育期刊亦对当时国内新兴的教育理论关注颇多,并予以积极的宣传和扶持。具体而言,主要有两个方面:一是对教育理论文章的发表和教育实验的报道。如陶行知的一系列关于生活教育、普及教育的理论性文章,以及他在上海等地进行的生活教育、"小先生制"等教育教学实验报道,皆在《中华教育界》上获得过发表。二是以"专号"的方式对一些重大的现实或理论问题进行专门性的研讨。如《教育杂志》曾组织研讨过职业教育的相关问题:

> 现今欧美各国对于职业教育莫不加以十分的注意,而在人民生计困难的中国,职业教育尤为救国的要图。近来国中有志之士对于职业教育已开始提倡,但许多重要的问题不但未见解决,且国人对于职业教育的意义,尚乏明了的观念。因此,本志决定出一《职业教育专号》,希望国内外有研究或经验的学者们多多惠赐稿件,务冀关于职业教育各方面的问题都得有正当的解决。

正是通过这样的方式,教育期刊为国内关切教育问题的研究者们提供了可资表达的空间,促进了具有本土关切的教育理论知识的增长。

三、新兴话语空间中的科学言说

教育期刊及出版业的兴盛，开辟了新兴的教育话语言说空间。这一话语空间的开辟使得前述科学话语共同体的教育言说得以可能。而更为重要的是，透过近代中国教育期刊中的话语言说，一种关于教育认识的“科学”表达，正跃然纸上，呈现出鲜明的、不同于既往中国传统知识体系的表达风格。以近代中国教学法的探索为例。在《教育杂志》所刊发的116篇关于“教学法”的文章中，无论是其对实验的倡导，还是对儿童心理的关切，又或者是对学法的重视，无一不反映着其中所蕴含的“科学”意味。

近代中国在短短几十年间，引进并产生了大量的“新”教学法。然而，在教学法改革此起彼伏的浪潮中，各种教学法改革因种种原因而碰壁，真正被树立并长久实施的教学法并不多见。在这样的背景下，当时的教学法改革者们越来越倡导进行悉心的教学法实验，反对一哄而上的盲动。当时有研究者撰文指出：“我们对于新教学法应抱的态度只有一种，就是审慎的态度。我们切不可把人家所证明为合用的新教学法作盲目的采用。”[①]实验上就是强调要进行审慎的教学法实验。与教学法实验相关，实验中的测量与评价与成为当时教学法研究的重点议题。陈选善在其所译的《用控制的实验估量教学法的效果》一文中对此有所主张。俞子夷从教师活动和学生两方面提出的视察设计教学的标准，都属于对测评的重视。因此，《教育杂志》还曾开辟过《实验》专栏，专门用于实验的报告与讨论。从一种最为狭义的科学理解来看，“实验”的重视本质上就是科学的重视，它是一种实证精神的倡导，亦是一种因果关系的探求。

如果说实验的倡导是在方法与方法论上倡导着科学，那么，对儿童心理的强调，则在理论基础层面确证着教育知识生产的科学属性。各种教学法的探索也好，各种教育教学实验的开展也好，其背后的理论依据究竟为何？儿童心理的强调显然可以对此一问题做出应对。无论是杜威新式的“兴趣”理解，还是赫尔巴特式的“兴趣”，在近代中国教育话语的言说中，都有其应有的地位。而近代中国所流行的“问题教学法”“设计教学法”固然是重视“兴味”的例证，即使是“游戏法”“协动式教学法”等，也同样强调“兴味”。而随着儿童中心观念的逐渐普及，儿童自主学习中的“动机”问题也成为儿童心理研究的另一着力点。道尔顿制、格里制设备分科作业室及教室中固然离不开关于动机的探讨，设计教学中的暗示，以及所谓的“诱动式教学法”“协动式教学法”等，也都表明着对学习动机的强调。而无论是“兴

---

① 轶：《我们对于新教学法应抱的态度》，《教育杂志》1924年第4期。

味”还是“动机”,都意味着教育知识的生产在寻求作为科学意义上的“心理学”知识的支撑。这自然也是其科学意味的另一重体现。

除了上述重视科学的理论基础和强调科学的方法以外,近代中国教育理论研究者在相关问题上的反思与批判精神,也从某种意义上彰显着于新兴话语空间中言说的科学意味。如对国外教学法的译介和采用,当时国内就有研究者指出了其适应性的问题。“国化(民族化),取洋之长,以补国之短。移植必服水土,乃能生根……接近乡村之日久,故知须乡村化。国化而只适大城市,对绝大数乡村仍无裨益,则国化不能彻底。”[①]反思与批判不止体现在适应性问题上,更体现在对教法与学法关系的处理中。在大约1919年以前,才开始有“教学法”的称谓,而此前一直都是“教授法”。当然,这一改变的根本,是因为“儿童中心”的逐渐确立。但对于教育是否要从“教”的一极彻底摆向“学”的一极,当时的教育界其实不乏理性的声音。俞子夷就曾指出:“新旧法实在没有冲突。只好说各顾了一半,实在是‘脱节’。要教学收真正的效果,两者都不宜偏废的。”[②]这种理性反思与批判的精神与态度,恰好反映了当时科学作为一种共识,已深入教育知识生产者的内心,成为一种内在的品质。

第三节 话语主体:课程空间中的科学话语共同体

教育期刊的兴盛意味着由此开辟的科学话语言说空间的急速扩大,而期刊的公共领域属性不仅意味着其作者群体来源的公共与开放,也要求其面向受众的大众化与平民化。饶有意味的是,在作者与读者的互动中,读者亦可能成为新的作者,从而成为遵循某一期刊择选文稿标准的知识言说者。由此带来的结果正是遵循相同话语言说规则的“话语共同体”的诞生与壮大,这既是晚清以来“西学”论述造就的后果,也将是1923年课程改革话语得以言说的前提。

---

① 董远骞、施毓英:《俞子夷教育论著选》,人民教育出版社,1991,第452—453页。

② 董远骞、施毓英:《俞子夷教育论著选》,人民教育出版社,1991,第56页。

一、官方话语权的式微与全国教育会联合会的成立

以官方话语权的式微来形容民国初年教育领域话语言说的特征，似乎并不为过。这一判断建立在如下三个事实之上：其一，政治上变动不居，军阀间的割据及混战不断实质上是对官方权力的一种削弱，这使得政府对于社会的控制力降低。这从当时言论及思想自由的程度就可见一斑；其二，在政治因素及主教者更迭频繁的双重影响下，教育上未能形成相对统一的话语范式。政治因素对于教育的影响，我们可以从民国首任教育部部长蔡元培和范源濂的对话中得到印证。蔡元培在邀请范源濂相助以发展教育之时曾说："现在是国家教育创制的开始，要撇开个人的偏见、党派的立场，给教育立一个统一的智慧的百年大计。"①应该说，民初教育部短时高效的办事风格对于稳定当时的教育局面确实起到了积极的作用。但后来蔡元培也指出："政府中显分两派，互相牵掣，无一事可以进行。"②显然，政治上的争权夺利使得教育领域中官方话语权大打折扣。而就民国时期主教者更迭频繁来说，在短短两年多的时间里就产生了9位教育总长（见表2-1），显然使得"立一个统一的百年大计"只能成为一种想象。

表2-1　民国初年教育部教育总长变动统计

序号	任职日期	职务	姓名	备注
1	1912年1月3日	临时政府教育部总长	蔡元培	
2	1912年3月30日	教育总长	蔡元培	7月14日辞职
3	1912年7月26日	教育总长	范源濂	
4	1913年1月28日	兼署总长	刘冠雄	海军总长兼署教育总长
5	1913年3月19日	兼署总长	陈振先	农林总长兼署教育总长
6	1913年5月1日	代理部务	董鸿祎	教育次长代理部务
7	1913年9月11日	教育总长	汪大燮	
8	1914年2月20日	教育总长	严修	未就职
9	1914年2月20日	署总长	蔡儒楷	严到任前，由蔡暂行署理
10	1914年5月1日	汤华龙		

① 梁容若：《记范静生先生》，《传记文学》1962年第6期。

② 高平叔：《蔡元培全集（第七卷）》，中华书局，1989，第310页。

针对频繁更迭的教育总长,有研究指出,其中能够"在理论上提出自己的主张,并能对民初教育宗旨的制定产生影响的是蔡元培和范源濂"①。从教育宗旨的角度来说,我们不否认此说。但如果我们将目光转向具体的课程层面,则会发现,虽然蔡元培提出了公民道德教育、实利主义教育和美感教育等,但课程层面与清末仿日的课程架构并无实质区别,这种理论与实际的"错位",或许也可以视为官方话语权式微的一个标志。其三,各地教育社团的创办及教育期刊的兴盛(见表2-2),使得民间话语流通的空间与渠道多样,大大增强了民间课程的话语权。

表2-2 1912—1919年民间教育团体及创办期刊一览②

刊名	编辑出版	出刊时间	备注
云南教育杂志	云南教育总会	1912.6—1923	
通俗教育研究录	上海中华通俗教育研究会	1912.6—12	月刊
湖南教育杂志	长沙湖南省教育会	1912.6—1916.新1921—25	月刊
无锡教育杂志	无锡教育会	1913.1—1916.6	不定期
吴县教育杂志	江苏吴县教育会	1913.10—1915.复1947.6—1949.2	不定期
直隶教育界	天津直隶省教育会	1913.? —1921.3	月刊
教育周报	杭州浙江省教育会	1913.4—1919.3	
教育研究	上海江苏省教育会	1913.5—1931.12	季刊
绍兴县教育会月刊	该会	1913—1914	
绍兴教育杂志	绍兴教育会	1914—1919	
教育粹编	湘潭县教育会	1914.7—1919.?	半年刊
山西省教育会杂志	太原该会	1915—1923.8	双月刊
初等教育研究杂志	苏州初等教育研究会	19? —1915.11	
都市教育	北京教育会	1915.4—1918.8	月刊
教师杂志	安庆安徽省教育会	1915.7—1916.1	月刊
教育杂志	广东梅县教育会	1915.11—1917.1	月刊

① 田正平:《中国教育史研究·近代分卷》,华东师范大学出版社,2009,第185页。
② 杨建华:《中国近代教育期刊与近代教育发展》,华东师范大学博士学位论文,2005年,第36—37页。

续表

刊名	编辑出版	出刊时间	备注
江苏省教育会月报	上海该会	1916—1927	
江苏省教育会临时刊布	上海该会	1916.1—9	旬刊
直隶教育旬刊	天津直隶省教育会	1917.11—1927.10	
教育与职业	上海中华职业教育社	1917.11—1949.12	月刊
教育研究录	江苏川沙县教育会	19？—1918.3	
浙江教育周报	杭州浙江省教育会	19？—1918.9	
通俗教育丛刊	北京通俗教育研究会	1919.5—1925.5	季刊
教育	天津教育学术编译社	1919.4—1920.4	
教育月报	菲律宾华侨教育月报社	19？—1919.10	
新教育	上海初等教育季刊社	1919.2—1925.10	月刊
广东教育会季刊	广州该会	1919.？—6	
安徽教育会季报	安庆该会	1919.8	
通俗教育丛刊	北京通俗教育研究会	1919.5—1925.5	季刊

从表2–2来看，在1912年至1919年之间，一是教育会以省、市、县三级的形式获得了较为充足的发展；一是各级教育团体依托于各种期刊，使其话语言说的空间得到了充分的拓展。民间话语权的不断增强显然也会在很大程度上使得官方话语权被削弱。

随着官方话语权的式微与地方教育团体及话语空间的不断开拓，在全国范围内形成一个以“讨论全国教育事宜，共同进行为旨”的教育会联合会就势在必行、势所必然了。全国教育会联合会(以下简称“全教联”)成立于1915年，于天津召开了第一次联合会议，后因北伐战争，使原定于1926年10月10日于南昌召开的第十二届联合会议化为泡影，加之其后一些省区教育会处于停顿与关闭状态，使得全教联于1927年3月左右无形解散。统计表明，全教联在12年间一共举行了11次年会，形成议决案249件。其所具有的影响我们可以从全教联提交的议决案与当时教育部法令之间的对比中获得印证。

表2-3 全国教育会联合会提交议决案与教育部法令对比(1915—1923)

届次	年会建议案名称	教育部法规名称	颁布时间
1	社会教育进行计划案	通俗教育研究会章程 通俗图书馆规程 通俗教育讲演规则 通俗教育讲演所规程	1915年7月 1915年10月 1915年10月 1915年10月
1—2	学校教员宜专任案	专门以上学校主要科目教员应定为专任中等学校教员尤应专任	1917年2月
1—2	请设各省教育厅案	教育厅暂行条例 教育厅职员俸薪等级表 各省教育厅经费支用标准表	1917年9月 1917年10月 1917年10月
2	请速颁优待小学教员案	小学教员褒奖规程 小学教员俸给规程	1917年2月
3	整顿县教育行政案 请定国语标准,并推行注音字母以期语言统一案	县视学规程 注音字母表	1918年4月 1918年11月
4	中等以上各校学生于假期内实行调查案	中等以上各校学生于假期内实行调查法	1918年12月
5	请修正教育会规程第八条丙项案 中等以下教育宜注重工艺案 各省区设立教育厅行政人员讲习会案 推行国语以其言文一致案 推行义务教育案	修正教育会章程 改进学校体育案 中等以下学校宜注重工艺案 各省区设立教育行政人员讲习会案 国语讲习所章程 分期筹办义务教育年限	1919年11月 1920年3月 1920年3月 1920年3月 1920年3月 1920年4月
7—8	改革地方教育行政案 学校系统草案、学校系统案	县教育局规程 特别市教育局规程 学校系统改革案	1923年3月 1923年3月 1922年11月
8	中等学校学生在学时期限制结婚案	中等学校学生在学时期限制结婚案	1923年

表2-3所展现的仅仅是全教联议决案直接转变为教育法规的,尚不包括被教育部部分吸纳或修改之后采纳的。事实上,除了影响教育立法外,全教联的影响力更体现为对各省区教育会的指导及实践影响上。这种影

响的建立,有着多重原因。其一,就外部原因而言,官方对教育团体合法性的承认,如教育部颁布的《教育会规程》、派遣专员参会等,显然都会赋予全教联以“半官方”的色彩,也因此使得其话语权得到扩展;其二,就其内部原因来说,全教联实行的“代议制”及由此而形成的“自下而上”的决策风格、参会人员的精英化以及话语空间的开辟(如历届年会的召开、形成的议决案等都会通过各种教育期刊加以刊发),也势必会增强其话语言说的力量。

二、话语权的流转与言说主体的诞生

虽然民间话语权获得了扩展,且官方话语权处于式微之中,但显然,课程话语的言说及其中包含的文化目的,决定了对话语权的争夺注定不是一帆风顺的,其中势必会充满着斗争与角逐。而就1923年课程话语的生成来说,其中也同样经历了对话语权的争夺与流转。

众所周知,1919—1922年的新学制酝酿期,是我国近代教育史上学制改革呼声最高的一段历史时期。全教联第七届年会中,各省教育会提交的学制改革议案共有十一件。年会最终决定以广东的提案为基础,参照其他提案,拟定出“新学制草案”,以全教联的名义公布以征求意见。然而,北洋政府教育部深知学制改革势在必行,但又不愿丧失在这一改革中的主动性和话语权,因而采取了取巧的方法,在全国教育会联合会未开会之前,即九月十五日,召集学制会议。从教育部召集的学制会议的参会人员构成来看,除了各省区教育会代表推选一人之外,其余多为教育行政机关人员或为教育部任派。虽然“学制会议”以第七届全教联形成的学制草案为蓝本形成并通过了《学制系统改革案》,但结合这一会议召开的背景,它实质上表达了官方对于话语权的争夺与角逐,以及意图通过重掌话语权而树立自身在教育及课程改革中的权威地位,以实现对教育领域的主导与控制。

随着民间力量在教育与课程话语的言说中影响力的不断扩展,北洋政府教育部意图重掌教育与课程话语权的做法势必会遭遇激烈的反抗。事实上,北洋政府教育部也对此有所意识。因此,在北京“学制会议”形成《学校系统改革案》之后,教育部总长汤尔和等将议决案送往济南,征求全国教育会联合会讨论同意。教育部特派员代读汤尔和的致辞中说道:“惟教育事业,关系甚巨,省区状况,因应万殊;故调查宜求确实,探讨不厌精详。”①然而,在第八届全教联会议上,北洋政府教育部所派出的代表绝口不提广

① 白吉庵、刘燕云:《胡适教育论著选》,人民教育出版社,1994,第157页。

州的大会议决案，有意回避和抹杀学制案是第七届全教联年会结晶的事实，引发了与会代表的强烈不满，以致年会一度陷入停顿状态。后来，在胡适的调停及其采取的“精神上大部分用广州案，而词句上多采用学制会议案”[①]办法下，形成了新的学制方案，并经各省区教育会代表审查、讨论，并最终获得通过。显然，就“新学制”的诞生过程来说，虽然其中包含着官方与民间话语力量的博弈、调停与妥协，但由于“新学制”的基本精神是源自民间话语的言说，因此，它实质上标志着话语权从官方向民间的流转。“新学制”在指导思想上以“七项标准”取代了以往的“教育宗旨”，以及“科学理性”对“权威崇拜”的取代，从仿日转向仿美等，事实上都标志着话语权的流转，也意味着新一代知识分子及新的社会阶层开始成为教育及课程话语言说的主要力量。正是基于此，全教联在学制会议中得以名正言顺地组建“新学制课程标准起草委员会”，并由此使得1923年课程话语的言说得以发生。那么，“新学制课程标准起草委员会”在人员构成上又具有何种特点，以至于可以为“科学知识型”成为1923年课程话语言说规则的确立提供外在支撑呢?

三、作为科学话语共同体的课程标准起草委员会

话语共同体是由不同成员组成的团体，其基本特征大略有三：有共同目标、有相互交流机制、有特殊文体和专用词汇。1923年课程话语的生成过程中，作为话语主体的课程标准起草委员会的成员恰恰具备上述特征。然而，话语共同体尚不足以表明起草委员会成员的全部特征，在更深层的意义上，他们也同时是科学共同体的成员。而正是在后者的意义上，我们认为，他们为“科学知识型”作为话语言说规则的确立提供了必要的条件。

从科学话语共同体的意义上来阐释课程标准起草委员会的人员构成，至少表达了如下含义：就1923年课程标准起草委员会的人员构成来看，他们或本身就是科学共同体中的成员，或即便不是科学共同体的成员，却与科学共同体共享一套话语。对于前者，大多为新式教育的接受者，且多有留学经历或是国外教育考察经历。以初级中学算学科的起草者胡明复为例，出生于1891年的他，小学就读于洋务派中坚人物盛宣怀所创的南洋公学附小，其所开科目包括“修身、国文、算术、历史、地理、理科、图画、体操”八种，使他较早地接触了西方科学技术知识。其后，他又于1910年与胡

① 白吉庵、刘燕云:《胡适教育论著选》，人民教育出版社，1994，第160页。

适、赵元任、竺可桢等同期考取庚款留学生赴美国留学。在1923年课程标准起草委员会的专家中，胡刚复、周鲠生、常乃德、朱经农、胡宣明等皆属此列，构成了1923年课程标准中各科纲要起草专家中的主要力量。而如俞子夷、叶绍钧、吴研因、王伯祥等，或是接受了新式教育的洗礼，如王伯祥于1906年入读中西学堂；或有着丰富的国外教育考察经历，如俞子夷曾在1913至1914年先后考察美国和欧洲教育。应该说，他们虽然在具体身份上并不是科学共同体的成员，但从1923年课程改革话语的言说来看，他们至少共享科学话语共同体的言说规则，这从各科纲要的话语陈述形式和陈述内容上均可获得印证。从形式上来看，无论是白话文的风格（如“之”字的消失）、横排的呈现方式、新式标点的使用，以及各科课程纲要均以“目的、程序、方法、毕业最低限度的标准”为基本体例，都表明了这样一个由不同学科专家构成的群体，不仅仅是一个话语共同体，事实上都共享着一套“新”的言说规则。从内容上来看，在各科课程纲要中反复出现的诸如“趣味”“能力”“常识”“习惯”以及在“方法”中的出现的“问题”“研究”“设计”等，无不表明其作为话语共同体的“科学”性质。可以说，正是因为隐于其后的“科学”作为一种知识型在发挥支配作用，1923年课程改革话语的言说才可能得以呈现。

在上述意义上，我们认为，“中体西用”课程改革话语所发挥的实践功能，不仅表现为“科学”在传统知识型的边缘位置上获得了立足之地，更在于使一整套围绕“科学”而展开的论述成为可能。这些历史性的论述一旦产生，只要它符合特定的言说规则和形式，自然就会散落于历史空间之中。由此带来的后果在于，一方面，这些散落于历史空间中的各种陈述虽然看似各不相干，但由于它们是围绕着相同的言说对象，即“科学”展开的，事实上会在不同层面和维度上形成叠加，使关于“科学”的陈述勾连为整体的“科学话语”，发挥其影响人们思想与言行的实践功能。另一方面，围绕“科学”展开陈述的主体及其话语实践功能影响，使一批新式知识分子得以被生产，而随着“科举制”的废除切断了传统生产“士”的通道，以及专制政权的推翻，新式知识分子只会以更快的速度增长，并逐渐获得了相对于日益萎缩的“士”的阶层的显著优势。为此，在“中体西用”课程改革话语中仅占据边缘位置、定位于“用”的“科学”，才可能成为1923年课程改革知识得以产生的内在规则，更通过作为科学话语共同体的课程标准起草委员会和其委托的专家，将此一规则深嵌于1923年课程改革的标准及教科书之中，使现代中国课程的发生成为可能。

第三章

非话语实践中的“身体”出场

知识型是话语生成过程中匿名的规则与条件，它潜在支配了主体的言说，从而在根本上消解了主体的意义。在福柯的理论视界里，话语（知识）的生成，既不同于实证主义的观点，他们是以主体自觉的理性建构为基础的，对客体的真理性认识，又不同于法兰克福学派（尤以曼海姆和哈贝马斯为代表）的基本主张，是由特殊利益集团依托于社会、政治和制度语境构筑而成。透过《知识考古学》的若干论述，话语的生成似乎是一个相对自主的领域：它一方面受制于不以人的意志或理性为转移的规则系统，从而独立于理性主体或利益主体；另一方面，话语似乎也不是对"客观现实"的真理性认识，从而独立于"真实对象"。

根据上述理解，话语的生成似乎只是语言自身的游戏。显然，福柯并不赞成这一带有结构主义倾向的论断。在福柯的论著中，对于结构主义的反叛，一是体现在他对"历史性"的坚持，即将作为规则系统的知识型视为一种历史性实践；一是体现在他对非话语性实践的重视。"考古学使话语形成与非话语范围（机构、政治事件，经济实践和经济过程）之间的关系显示出来"[①]如果说在福柯早期的认识中，话语性实践与非话语性实践之间还有着主次、先后的关系，那么，在其转向谱系学并着重于话语、社会与权力的批判分析之后，非话语性实践的地位获得了明显的改变。对此，德赖弗斯（Hubert L. Dreyfus）和拉比诺（Paul Rabinow）正确地指出："福柯放弃他不完全的结构主义主张，即话语具有某种使它能够'使用'非推理性关系的优先地位时，他才能发现推理性实践的合法活动范围，他才能够说明话语既依赖于但又反馈并影响它所'服务'的非推理性实践的独特方式。"[②]以此而论，话语的生成显然并不仅仅只取决于作为规则系统的知识型，更与作为非话语性实践的社会情境等有着密切的联系。

无独有偶，倡导批判话语分析的美国学者诺曼·费尔克拉夫（Norman Fairclough）也认为，话语的各方面（不论是用语、主题、程序、对话内容或是形式），其实都同时受到话语的秩序和社会的秩序的影响，且话语的秩序经常就是社会秩序中关于话语的各种观点之体现。易言之，人们所处的社会脉络与环境，决定了人们关于话语的言说。以此审视19世纪末20世纪初的近代中国课程空间，我们发现，尽管当时的课程话语中已经有了科学作为"分科之学"、"公理公例之学"及"方法之学"的三重理解面向，却未能上升为具有统治地位的科学知识型，进而成为支配课程话语生成的规则系

① [法]米歇尔·福柯：《知识考古学》，谢强、马月译，生活·读书·新知三联书店，2003，第180页。

② [美]L.德赖弗斯、保罗·拉比诺：《超越结构主义与解释学》，张建超、张静译，光明日报出版社，1992，第85页。

统。究其缘由，尽管在话语性实践的意义上，此时的科学已经被赋予了上述三种理解面向，且在关于课程改革的相关论述中，也显现了相应的功能。然而，在非话语性实践的意义上，当时的中国社会显然未能提供其作为一种知识型以支配话语生成的必要社会情境。历史地看，这一社会情境条件的完备，是在1923年课程话语生成之前实现的。如此，摆在我们面前的问题是，究竟1923年课程话语生成于怎样的社会脉络与情境之中，获得了哪些非话语性实践的支持，使得科学知识型能够左右着那个特定时期课程话语的生成？在对这一问题作出回答之前，我们似乎还有必要明晰，究竟何谓“非话语性实践”？

福柯的相关著作并没有展现非话语性实践的清晰样貌。但在《临床医学的诞生》中，福柯给出了非话语性实践影响话语生成的实例。在福柯的研究中，依据历史分期，将疾病、病人、医生、医学知识话语和社会制度之间的关系分为三大类型，即所谓的三级空间：第一级空间到第二级空间之间的差异在于医学学者对于“肉体与疾病关系”的看法产生转变，进而使得治疗实践也从“有距离的目光凝视（看诊）”转变为“接触性的触诊或解剖”。在这里，福柯着重于话语性实践的描述。而到了第三级空间，层出不穷的流行病，引起了国家和中央政府对医疗机构、医学院、医学知识和医生的医疗行为等各方面的高度关注，国家和中央行政机关对于医学体系的介入便成了他重点描述的对象。正如历史档案所显现的那样，1776年，法国政府在凡尔赛设立医疗委员会，其最初的用意在于调查流行病发展的状态、检讨治疗的方式和管理执业医生们的医疗行为。但此举却触发了医疗委员会和旧制大学医科之间的学术山头之争。大学医科的医师们认为自己才是历史悠久且值得尊崇的专业医疗从业人士，而医疗委员会不过只是一群谋权夺利之士。然而，无论大学医科的医师们如何质疑、轻蔑和批评，医疗委员会还是成功转型为具有更高学术及官方地位的“皇家医疗协会”，且为了避免这种转型带来的异议和反对，当时的国王还明令禁止大学医科“采取任何反对手段”。此后，皇家医学会和大学医科之间借由政府有差别的对待，如经费拨给等，差距也越来越大。更为重要的在于，“它（皇家医学学会）的作用在不断地扩大：作为流行病控制机构，它逐渐变成知识集中中心，一切医疗活动的登记和裁决机构”[①]。

在此，笔者不厌其烦地回顾以上内容，意在对非话语性实践的具体所指做出简要勾勒。通过上述回顾，我们发现，福柯所谓的非话语性实践包括了际遇性的社会事件（如流行病）、制度或机构的设置（如皇家医学协

① [法]米歇尔·福柯：《临床医学的诞生》，刘北成译，译林出版社，2001，第30页。

会)、政治权力(国王的权力)、经费等,展现出了话语与社会、话语与权力之间的复杂关系。正是基于这种对关系性及话语权力的关注,我们将使用“场域”而非“背景”来展现1923年课程话语生成的社会脉络。当然,正如福柯所指出的那样,这种分析的目的在于“试图确定这个整体所隶属的形成规律……怎样能同非话语系统联系起来”[①]。因此,针对1923年课程改革话语生成的外在场域的分析,实质上是指向科学知识型在当时能够发挥作用的条件性分析。这里所谓的“条件”,似乎无法超脱福柯在阐释非话语性实践时提及的机构制度、政治事件、经济活动和进程等。需要澄清的是,本书无意在广泛的社会史研究层面展开,而是聚焦于课程领域话语分析的课程史探讨。因此,一种泛化的涉及政治、经济、文化之类的“范畴性框架”并不是本书所要分析的重点。本书所要探讨的,是哪些条件性范畴,如何构建了那个历史时空中有关知识、人与社会之间的逻辑关系的,尤其是这一结构关系中占据核心位置的“人”的想象的,以至于在1923年课程改革话语的生成中,呈现出科学知识型的样貌。这似乎不可避免地会涉及课程改革话语必然会作用于其上的“身体”。“毕竟话语不存在于动物身上,而是存在于人身上,话语最初来源于人的想象、意志、欲望,其力量终究会在言说者自己和其他人的身上得到体现。”[②]我们终将看到,以1923年为标志的现代中国课程的兴起,是如何将“身体”置于政治、经济和文教的结构之中,从而在传统课程言说所不曾涉及的“身体”之中开辟空间,使其能够按照以科学为表征的现代知识型而展开活动的。

第一节　经济形态、权力翻转与课程中的身体规训

在影响1923年课程改革话语生成的诸多社会场域中,经济场域无疑占据着最为主要的位置。在主流的阐释中,我国经济在第一次世界大战及战后,民族资本主义工商业的迅猛发展形成了对于人才的新的需求,从而构成了1923年课程改革的直接动因。这一阐释至少揭示了生产方式演化对于人及其身体所可能产生的影响。然而,作为一种谱系学立场下的研究,我们将聚焦于经济场域中的权力因素及其对于身体的想象。

---

① [法]米歇尔·福柯:《知识考古学》,谢强、马月译,生活·读书·新知三联书店,2003,第180页。

② 周勇:《教育空间中的话语冲突与悲剧——中国十一世纪的经验》,教育科学出版社,2004,第36页。

一、民族资本主义的兴起与经济形态的变化

第一次世界大战期间，近代中国民族资本主义发展迅速。一方面，从外部环境来说，由于欧美帝国主义国家忙于战争，无暇东顾，使得近代中国所受的外来压迫与侵略得到了一定程度的缓和，民族资本主义得到了一个喘息与发展的机会；另一方面，就内部环境而言，1911年辛亥革命激发出的“民族—国家”意识，点燃的民主思想火花，叠加着1915年对日本“二十一条”的反对，1919年的“五四运动”，以及商人罢市、抵制日货等，使得洋货进口的数量急剧下降。仅以布匹为例，从可见的资料来看，1915年日本帝国主义的“二十一条”所引发的大规模爱国运动和抵制日货运动，使得1915年的日货输华总值比1914年下降了13%，日布由700万匹降至500万匹。正是在这样一个内外环境的刺激之下，近代中国民族资本主义迎来了发展的“黄金时代”。

民族资本主义在第一次世界大战期间获得了空前的发展，是一个无须争论的历史事实。传统的经济史著作，倾向于从新设厂矿数量和投资额的变化出发，来论证这一观点。如有研究表明，1914—1919年间，中国资本主义新设厂矿共379家，投资额8580万元，比此前19年间的总量还超过一倍。[①]近来的经济史研究倾向于从生产的角度出发，来估计近代中国民族资本主义的增长趋势。如根据国外学者章长基(Jubu k.Chang)的相关统计，依据1933年的价格，15项产品在1914年的产值为20190万元，1921年则为47170万元。1912—1920年间总产值的平均年增长率为16.5%，净产值的增长为13.4%。无论从何种角度来看，第一次世界大战期间，我国民族资本主义的发展都是飞速的。就民族资本在当时整个产业资本中所占的比重来看，尽管其在整个国家经济中没有起到主要作用，但其所具有的规模和比重显然已不容小觑。对此，我们可以从表3-1中获得直观的感受。

表3-1　1914—1919年间民族资本在近代中国产业资本中的比重

行业	中外资本合计	外国资本	本国资本	本国资本	
				官僚资本	民族资本
制造业	72	31	41	21	20
公用事业	17	8	9		9
矿业	21	16	5	1	4
铁路	105	97	8	4	4

① 许涤新、吴承明：《中国资本主义发展史(第二卷)》，人民出版社，1990，第857—858页。

续表

行业	中外资本合计	外国资本	本国资本	本国资本	
				官僚资本	民族资本
航运	22	15	7	1	6
共计	237	167	70	27	43

上述论证表明了,近代中国民族资本主义所获得的空前发展及其对于整个国家经济结构变动所具有的意义。有研究者指出:“存在决定意识。资产阶级既然拥有那样不容忽视的物质力量,他们就必然要在社会生活中有所表现。其势力迅速伸入各种社会团体,包括教育团体,即是表现之一。”[①]显然,这种“势力”向各社会团体的延伸,所表达的正是资产阶级的权力诉求。那么,对于本书而言,民族资本主义的兴起及其引发的经济形态变化,究竟会引发关于“权力”的怎样的变化呢?

二、权力翻转:从压制性到生产性

从政治学或社会学领域的相关论述来看,有关权力的论述层出不穷。依据不同论述对于权力性质的描述,权力大抵上有两种不同面向上的理解:一种是具有强制性的“压制性权力”,另一种是具有扩散性的“生产性权力”。

压制性的权力理解指向对其他行为者的直接控制,关注的是权力的占有者直接形塑其他行为者所处环境的一系列关系。在压制性的权力理解中,更加强调权力的压制性、他人管理、占有与否定的思维。由此,权力行使的主体与客体呈现出二元对立的关系,亦即行为者对于行为者的支配关系。在此意义上,权力可以被描述为A拥有迫使B做其本来不愿意做某些事情的能力。应该说,这样的一种权力观由来已久。无论是霍布斯(Thomas Hobbes)所理解的个体通过处置自身的持有物而与他人所发生的权力关系,还是韦伯(Max Weber)从科学的角度所形成的强加自己的意志于他人行为之上的理解面向,又或者是葛兰西(Antonio Gramsci)在权力中纳入“强力”(force)与“同意”(content)这一相互对立的概念及其确立的所谓“霸权”的理解面向,压制性是上述理解的共同特征。历史地看,这种带有压制性的权力观,真实地构成了民国以前两千多年封建社会权力运作机

① 吕达:《课程史论》,人民教育出版社,1999,第316页。

制的基础。在中国的封建社会中,表面上看,维系国家体系建构的是一套看起来温情脉脉的道德学说,但其权力的架构却是围绕一个至高无上的权力中心(如古代中国的皇帝)而被建构的。这样一种具有中心性的权力,需要诉诸法律所具有的惩戒功能加以强化与维护(所以,在中国两千多年的历史进程中,儒家虽为显学,法家的学说却构成了历朝历代统治者信奉的实践理性),并以“纳入—排除”机制来展示其禁忌性及其对于对象的否定性。

在上述带有强制性的“压制性权力”理解中,行为者之所以能够迫使其他行为者从事有违己愿的行为,关键在于行为者拥有迫使其他行为者发生行为改革的物质和观念资源。换言之,这里的“权力”更多是偏重静态意义的实体,是可以对其进行“占有”的。与之不同,一种生产性的权力理解并不会将其视为某种实体,而是将其作为扩散性社会关系的产物。对此,福柯指出:“我们必须首先把权力理解成多种多样的力量关系,它们内在于它们运作的领域之中,构成了它们的组织。它们之间永不停止地相互斗争和冲撞改变了它们、增强了它们、颠覆了它们。这些力量关系相互扶持,形成了锁链或系统,或者相反,形成了相互隔离的差距和矛盾。它们还具有发挥影响的策略,在国家机构、法律陈述和社会霸权中都体现着对它们的策略的一般描述或制度结晶。”[①]透过福柯的以上论述,生产性的权力首先存在于具体的社会进程之中。换言之,生产性的权力并不会为特定的行为者所控制,而只会受到行为者有意义的实践活动的影响。其次,行为者自身的能力及其观念也是为社会进程所塑造和建构的。为此,一种生产性的权力意味着可以通过一系列的技术或策略,以一种生产性而非否定性与禁止性的姿态来对人们的身体、灵魂发挥自己的作用。再次,生产性权力更加强调通过分散化的社会进程发挥作用。就生产性权力而言,它并不来自宏观社会结构的某个中心(如国家机器),而是来自下层,来自一些局部领域(如工厂、学校、监狱、医院等)。严格来说,生产性权力的理解面向并不是认为压制性的现象不存在,而是因为压制性权力的理解面向会造成这样一种遮蔽:使人误以为去除了压制,就是摆脱了权力。所以,福柯在结语中这样写道,“这一机制的反讽之处就在于:它让我们相信它是与我们的‘解放’密切相关的”[②]。事实上,从生产性权力的理解来看,权力关系正是人的本质关系。正是通过权力关系的运作,才使人能够成其所是。离开了权力关系对于人的生产,人将无法界定自我。

---

① [法]米歇尔·福柯:《性经验史》,余碧平译,上海人民出版社,2005,第60页。

② [法]米歇尔·福柯:《性经验史》,余碧平译,上海人民出版社,2005,第104页。

第一次世界大战期间，近代中国经济形态的重要变化就是民族资本主义获得了迅速的发展。民族资本主义在当时整个国家经济结构中所占比重的日益扩大，不仅会带来中等人才的需求及人才培养规格上的变化，但更为重要的，是表征着权力观上的翻转，即由压制性的权力走向生产性的权力。

近代中国以前的传统社会中，权力是一种带有压制性的模式——皇权处于权力的中心位置，完备的国家刑法系统构成了对这一权力模式的有效支撑，发挥着否定性、禁止性的作用。这一模式的长期稳定存在，与特定的经济形态之间有着密切的联系。就此，我们不妨对古代中国社会的经济生产状况做一个简单的扫描：如果我们抛开笼统而抽象的地主阶级，深入中国历史就会发现，在近代以前的中国社会中，除了庶民地主之外，在整个社会经济中占据主导地位的实质上是以皇族地主和官僚地主构成的"身份性地主"。他们的经济收入主要依靠两种方式：一是强权收入，一是地产收入。而其中，强权收入又占据着更为重要的位置。这是因为，作为这些"身份性地主"收入基础的地产，其获得既可能是利用强权的收入购买所得，也可能是强权掠夺而来。因此，对于这种经济生产方式而言，权力的意义并不体现在对经济生产过程的管理与控制之中，而是体现为"把一部分财富据为己有的权力，以及向臣民勒索财物、服务、劳动和生命的权力"。换言之，在中国传统的封建社会中，"权力首先是获取的权力：获取东西、时间、肉体和生命的权力"[①]。权力之所以能够成为一种"攫取"的力量，恰恰是建立在对整个财富中心的"土地"的占有及其维护的基础之上。换言之，是以作为支撑权力的诸多"国家机器"，如刑法、军队、监狱等作为剥夺生命的手段的基础之上的"死亡权力"保障地主阶级对于土地资源的控制，进而形成对于诸如农民等群体的控制能力。在这种权力模式下，个体"身体"并不会与具体的经济生产发生勾连，自然不会成为话语直接作用的对象。恰恰相反的是，一切关于"身体"的言说，都不过是为了涤除欲望，以使心性澄明。

近代以来，随着新的经济形态的崛起，一种新的，强调对身体和生命"加以悉心的维护、强化、控制和管理"[②]的具有生产性质的权力开始形成。这种转变，首先是因为身体作为生产过程中的基本要素乃至核心要素，开始具有了直接的经济价值。在马克思等关于资本主义社会财富形成的理论中，所谓的"剩余价值"不过就是劳动者创造的被资本家无偿占有的劳动。这意味着，在群体意义上，一个社会拥有的合格劳动者越多，能够创造的剩余价值也就越多；在个体意义上，一个个体拥有的劳动能力越强，能够

① [法]米歇尔·福柯：《性经验史》，余碧平译，上海人民出版社，2005，第88页。
② 谢立中：《走向多元话语分析：后现代思潮的社会学意涵》，中国人民大学出版社，2009，第256页。

创造的剩余价值也会越多。为此，如何生成合格的身体，以使之进入生产过程，就成为西方现代社会的重要问题。夸美纽斯（Johann Amos Comenius）意图把一切知识教给一切人类的教学艺术探寻，根本上不过是回应工业时代合格劳动力的规模化生产问题。而舒尔茨（Thodore Schults）的人力资本理论则将此一问题外显化。身体参与生产过程并形成经济价值意味着权力的性质及其行使的方式需要发生变化。"以君主权力为代表的旧的死亡权力现在被对肉体的管理和对生命的有分寸的支配小心翼翼地取代了。"[①]如何通过相应的权力机制或是权力技术，使权力既能够促进、提升人们的劳动力和活动性能、提升他们的生命价值又不至于使他们变得难以驾驭，显然成了权力关注的重点所在。在这一意义上，福柯指出了新的权力机制的两种形式，一是针对机器肉体的规训技术，关注于对身体的矫正、能力的提高、各种力量的开发等；一是针对物种肉体的调控技术，如繁殖、出生与死亡、健康水平等。如果以此对近代中国社会加以观照，我们会发现，19世纪末晚清社会空间中的诸多言说，比如关于卫生防疫、个人卫生乃至保育等论述中均已经显现出了此种权力的渗透。然而，这些课程空间之外的话语生产并不是本书的焦点所在。对于本书而言，更为关注的问题在于：此种权力翻转，究竟为1923年课程改革话语提供了怎样的言说条件，以至于科学知识型会发挥其作为话语言说规则的支配作用。

三、"身体"的出场与1923年课程改革话语的生成

在支配1923年课程改革话语的科学知识型中，人既是知识的主体（所以可以通过实证主义的方法形成认识，获取知识），又是知识的客体（人成为科学知识论述的对象，如生物学意义上的有机体、心理学意义上的认知体、经济学意义上的劳动力等），知识之于社会发展的作用，正是通过接受了知识教育的人加以实现的。近代中国经济场域中所发生的经济形态变化及其引发的权力翻转，即一种具有生产性的生命权力的出现，使"身体"开始成为课程改革话语所关注的对象，并由此引发了身体、知识、社会逻辑关系的重构，进而给出了科学知识型这一话语规则得以发挥作用的条件，使得1923年课程改革的话语得以生成。

其一，身体成为课程改革话语关涉的基本对象。应该指出，身体作为课程改革话语的基本对象并不是一种历史的天然。至少，在形而上学知识

① [法]米歇尔·福柯：《性经验史》，余碧平译，上海人民出版社，2005，第90页。

型发生支配作用的课程空间中，身体处于被贬抑的状态。近代中国民族资本主义的迅速发展及其带来的生产方式上的变化，使得权力从一种压制性的理解面向转向了生产性的理解面向，从一种“死亡权力”转向了“生命权力”。身体因其作为生产过程的要素和对于经济价值的直接作用而成为关注的对象。这种关注，也同样投射在与身体的矫正、能力赋予和强化有着密切关系的课程领域之中。对此，我们首先可以从一种关于身体的反面批判中获得确证。在作为1923年课程改革先声的湖南代表团议案中，“四年中学之文实不分，造出一般不能生活之人，往往扰害社会以攫取生计”[①]，以及紧随其后的第二届全国教育会联合会所指出的“吾国中学教育其结果不良，无补社会，几成一致之论”[②]，所表达的实质上都是在经济形态转变的背景之下，对于“身体”的不满及对其进行规训的迫切心理。其次，在1923年课程改革话语的陈述中，对于学生个性与心理的关注、分科选科制、学分制等所造就的课程与教学的弹性等等，表面上看是基于“儿童本位”的追求，充分考虑了课程对于儿童的适应性与选择性。但在具体各科的目标陈述及毕业最低限度的标准之中，造就一种对实际的生活和社会“有用”的身体，似乎成为普遍的追求。对儿童个性发展、自由理性等属于精神层面的关注，反倒没有明显的体现。这说明1923年的课程改革话语，更贴近于对“人的职能化和工具化……训练人的被使用性，也就是实用性和适用性”[③]的“规训”。为此，当时中学课程的结构设置上，不仅在初级中学有10%左右比例的学分用于选修职业科目，在高级中学中，更是采用了“普通科”和“职业科”分设的办法，用以解决“升学”和“职业预备”之间的紧张关系。事实上，无论是“升学”还是“职业预备”，都不可避免地意味着“身体”的职能化想象。再次，也是更为重要的一点在于，在课程中采用分科选科，内在要求课程适应于学生的“个性发展”和“心理倾向”。换言之，如何使学生关于课程的选择成为个体主动的过程而不是外部强加的结果，从而增强课程对于学生的吸引力，事实上是借鉴了美国等现代工业国家中普遍采取的策略，其目的在于为全体未来公民提供普通教育。换言之，要在普遍意义上促使个体身体适应现代社会的发展要求。着眼于个性与心理特点的课程，其所谓的“自动性”和“适应性”事实上强化了权力的弥散效果，使得课程可以成为更加普遍和更加积极地对于“身体”进行规训的手段，进而满足资本主义生产的需要。

① 舒新城：《近代中国教育史料（第二册）》，上海中华书局，1928，第67页。

② 吕达：《课程史论》，人民教育出版社，1999，第288页。

③ 金生鈜：《规训与教化》，教育科学出版社，2004，第3页。

其二,科学知识作为规律性认识的能力赋予。课程作为知识的选择与组织,其对于身体所具有生产能力的赋予与强化,首先意味着进入课程中的知识能够表征一种力量,能够符合“知识就是力量”的想象。就对近代中国社会之前课程改革话语生产起着支配意义的知识型而言,因其仅仅是对道德程序——专制程序这一“能指—所指”结构的不断重复而使知识脱离了人生与自然,知识的有效性既不取决于它对于人生的实际意义,又不因为它能够作为一种符号系统表征客观世界,知识只不过是在一种压制性权力的支配下成为道德约束的力量,并不具备经济生产的能力。因此,随着经济场域的一系列变化,尤其是当“国富”与关系到国家存亡的“自强”紧密勾连时,这一知识型支配功能的丧失自然毫不为奇。而自19世纪60年代洋务运动时期开始,科学及其衍生之下的技术,其富国强兵的功能就已经在课程改革话语的言说中获得了确认。在科学知识型的范畴以内,知识(科学认识)是对事物之间因果联系的规律性把握,掌握了知识就意味着获得了控制自然与改造社会的力量。正因为此,在1923年课程改革话语中,关于课程的内容陈述中,知识的谱系与整个社会生活领域高度重合,而在其目标陈述中,使儿童掌握各门学科中的“知识”“自然律”“技能”等都成为主要的目标构成。其次,这种知识对于身体的能力赋予,不仅体现为以知识(科学认识及其物质体现)充实人的身体,还表现为在知识的获取过程中,使身体行为能够规律化,从而为对物与自然界做出精确的规律性认识奠定基础。正因为此,在1923年课程改革话语关于求知方法的陈述中,突破了传统意义上强调学生诵读、记忆的旧规,而是注重学生在求知过程中掌握“方法”、养成“习惯”,能够形成正确的“观察力”、能够实施简易的“实验”等等,这表明知识对于个体的意义,从传统意义上的“心性”开始走向“身体”,要通过具体且外显的行为,锤炼个体的身体,赋予其能力,养成其习惯,从而适应现代社会的要求。

综上所述,笔者认为,第一次世界大战期间近代中国经济场域中民族资本主义的迅速发展,使得作用于身体的权力性质发生了翻转:从一种具有压制性质的“死亡权力”走向了具有生产性质的“生命权力”。这种翻转的根本原因在于,生产方式的变革使得人的身体作为生产过程的基本要素,开始具有直接的经济价值,因而权力的关键在于通过适当的机制和技术,来对身体进行矫正、调控以增强其能力。正因为此,身体开始成为课程改革话语所要规训的对象,科学作为对社会与自然领域中诸事物之因果联系的规律性认识,也成为规训身体的最有价值的知识选择:科学一面以“公理”及技术为社会与经济的发展提供了基础,一面以其知识及求知的方法实现着身体的改造。在这一意义上，身体规训实质上意味着对于社会与经济发展的许诺，知识、身体与社会的逻辑关系也因此获得了重构，进而赋予了科学知识型以1923年课程改革话语构成支配规则的地位。

第二节　政治变革与课程中国家化身体的自我建构

在影响课程改革的整体社会结构中，政治文化因素同样具有重要意义。课程领域中兴起的知识社会学研究，所要揭示的正是政治文化因素影响课程的内在机制。无论是麦克·扬（Michael Young）意在“使教育的政治特点变得更明朗”的课程社会学探索，或是阿普尔（Michael Apple）将课程理解为“合法化知识”“法定文化”所透露出的课程文化的政治取向，又或是吉鲁（Henry Giroux）将学校看作是文化和政治的场所等，所讨论的事实上都是政治权力如何延伸至学校课程场域之中，从而使课程作为社会政治文化再造的内在机制，呈现的课程为权力制约的场景。然而，如果将课程改革话语作为关于课程改革的知识形成过程，社会层面的政治活动大可视为一种特定的事件，从而赋予某种课程改革知识得以形成的条件。对1923年课程改革知识的形成而言，当时的政治文化场域发生的若干事件，不过是凸显了身体国家化治理的必要性。

一、政治失序与绅士公共空间的失败

以政治失序来形容辛亥革命之后的中国社会似乎并不为过。这是因为，辛亥革命之后，政治重心的缺乏，使得政治缺乏必要的运行轨道，从而导致了政治失序的状态。众所周知，辛亥革命之后的中国社会中至少同时存在两股势力：一是以孙中山为首的革命党政权，一是以袁世凯为代表的北方势力，无论哪股势力，都缺乏对当时全国加以控制的实力。政治重心的缺乏，必然会导致社会的分化与冲突。这种分化，既表现为民国初年的内乱迭起，又表现为思想意识层面新旧思想的冲突。就前者而言，相关研究表明[①]，仅从1912年到1914年三年之间，据不完全统计，全国兵变事件就

① 耿云志：《近代中国文化转型研究导论》，四川人民出版社，2008，第249页。

有30余起，涉及北京、天津、河北、山东、奉天、吉林、黑龙江、江苏、安徽、江西、广东、湖北、陕西、四川、云南等15个省市的民变事件20余起。就后者来说，新旧思想的冲突则主要表现为君主制与共和制之争、孔教之争和新旧道德之争。与国家内部因政治失序带来的分化与冲突相伴随的，则是帝国主义势力对中国侵略的日益严重和新政体的乏力应对。内外交困的状况实质上意味着民国初年共和政治尝试的失败。对此，我们可以从当时的时评中获得印证。1915年国体之争中，章太炎在其发表的《共和平议》一文中指出了当时反对共和的两类人：一类是如他一样以前相信共和的人，“一旦见之事实而不如其所期，则顿失望，失望则忿疾，忿疾则指责过当矣，吾家太炎，即其一也”，但他认为其中根本的原因在于“共和二字，本为吾国所不习，行之而不能无弊”；另一类则为“夙不主张共和者”，这一类人对共和持有根深蒂固的“偏见”，且多以旁观者身份冷嘲热讽、拒不接纳。显然，无论是站在哪一方的观点上，民初政治失序的状态都意味着共和政治尝试的失败。

民初共和政治尝试的失败，在更为深层次的理解上，意味着绅士公共空间缺乏对当时中国进行整合的能力，同时也意味着代表绅士利益的中西学二分的二元论意识形态的动摇。所谓绅士公共空间，是指：“以家族为本位，以绅士为代表制的公共空间……高度强调士人（读书人）对儒家伦理及家族利益的代表性。”[①]绅士公共空间是儒学式公共空间在近代中国的表现形态，也是中国社会在清末民初由传统政治向现代政治转型的特殊标志。它所对应的是标志着西方现代民族国家形成的“社会”这一公共空间。故此，阿伦特（Hannah Arendt）曾用社会的兴起代表西方传统社会的现代转型。之所以将民初共和政治的失败作为绅士公共空间整合能力缺乏的标志，是因为1901年清廷推行新政、1906年预备立宪和民国初年共和尝试，其改革者的身份都是当时社会中的绅士，尤其是部分接受了西学的城市化绅士，且改革都没有触动家族和地方事务中绅士的权力和地位。这些改革者将儒家伦理置于私领域（如家族）之中，并以此为前提筹划公共事务。正因为此，绅士公共空间所彰显的实质上是以中西二分为基础的二元论的意识形态。它一方面是由于近代中国的存亡危机需要诉诸西方现代政治经济制度，另一方面又渴望能够保持原有社会组织及其合法性。而绅士公共空间恰恰既可以在公共领域引进西方现代价值，又可以使儒学继续在私领域（如家族内部）继续有效。清末民初的新政、立宪和共和，差别之处仅在于儒家伦理作用的空间大小。在新政和立宪阶段，儒家伦理退守的“私领

① 金观涛、刘青峰：《观念史研究：中国现代重要政治术语的形成》，法律出版社，2010，第81—82页。

域”不仅包括家族，还包括君臣之间等级秩序的维持。至于共和，君臣关系的维系已然从儒家伦理作用的“私领域”中退出，不再为公共意识所接受。袁世凯称帝的失败正是这种公共意识的体现。可以说，近代中国具有民族国家意义上的中华民国的建立，正是绅士公共空间转化为社会实践的结果，也是传统政治现代转型的一种道路尝试。

然而，民国初年的政治失序状态，不仅表明绅士公共空间向社会实践转化的失败，也说明具有框架性意义的中西二分的二元论意识形态的动摇。以此为背景来理解新文化运动，我们认为，1915年左右在中国开始的新文化运动，正是对绅士公共空间失败的响应，所表达的实质是新一代知识分子因对民初政治失望，而致力于否定代表着绅士利益的中西二分二元论意识形态的一场思想文化运动。以此来看待新文化运动的各种具体主张，其实都可以归结为在思想结构上主张中学西学统一，私领域与公共领域之理统一的一元论意识形态，从而在思想内容上主张抛弃私领域的儒家伦理，在公共领域抛弃共和主义。由此带来的结果，当然并不限于在公共领域中对于平等和大众参与的倡导，亦即对于“民主”的倡导，还包括在私领域中，对孝道和父权制家庭组织的批判，从而将个人独立的观念深深植于家庭以内。打破公共领域和私领域的界限，从而使公、私领域共同服从统一的“理”，以消解公私领域二元论意识形态及其实践，这大约正是新文化运动对于近代中国政治现代转型的本意所在。为此，在作为新文化运动纲领的《吾人最后之觉悟》一文中，将伦理觉悟视为最后的觉悟，正是表达了要建立公、私统整的伦理道德的构想。由此，对每一个个体而言，其“身体”都不再具有“公—私”与“家—国”的二元属性，也不再为那个作用于私领域的儒家伦理所束缚，而是从传统意义上的家与家族中解脱出来，成为社会的有机构成。

二、新文化运动、身体解放及其国家化归属

正是因为新文化运动破解了绅士公共空间在公私领域的二元论意识形态，彻底破除了私领域对于个体的束缚，为此，在启蒙的意义上将新文化运动理解为“‘人’的解放运动”[①]，无疑是十分正确的见解。毕竟，在那个时代各种话语得以言说的空间中，无论是报刊，又或是文学作品，都充斥着“人”的字样，表达着将“人”从封建专制主义的各种关系，诸如礼教、家庭中挣脱出来的思想。然而，若以“人的解放运动”简单概括新文化运动的全部

① 宋惠昌：《人的发现与人的解放——近代中国价值观的嬗变》，四川人民出版社，2008，第313页。

意蕴，似乎是不够全面的。这种不全面性，我们从作为这场运动主阵地的《新青年》的相关论述及构想中就可见一斑。在1918年12月15日的《新青年》中，周作人发表了《人的文学》一文，其中说道："我所说的人道主义，并非世间所谓'悲天悯人'或'博施济众'的慈善主义，乃是一种个人主义的人间本位主义。这理由是，第一，人在人类中，正如森林中的一株树木。森林盛了，各树也都茂盛。但要森林盛，却仍非靠各树各自茂盛不可。"[①]这里周作人不仅强调了作为个体的"树木"对于群体的"森林"的前提意义，但同样突出了作为生态环境的"森林"对于每棵树的作用。具体而言，实是强调道德共同体对于个体的决定意义。与之稍有不同，同样是发表于《新青年》的另一篇文章，即胡适的《不朽——我的宗教》一文，提出了另一种社会观："个人造成历史，历史造成个人，这是纵剖面的社会有机体。从横截面看来，社会的生活也是有机的，个人造成社会，社会造成个人；社会的生活全靠个人分工合作的生活，但个人的生活，无论如何不同，都脱不了社会的影响。"[②]胡适的构想所不同于周作人之处在于，周作人试图将个人镶嵌在道德共同体中，视个人为普遍道德的实践者，而胡适则将具有常识的个人视为社会的关系构建者。

周作人和胡适关于个人与社会关系的构建及由此形成的社会组织蓝图虽然有所分歧，但共同之处在于都回应了面向现代社会转型的个人，在从家族与作用于私领域的儒家伦理中解脱出来之后，应该归于何处的问题。无独有偶，这一问题更是经由鲁迅成为旷世之问。1923年12月26日在北京女子高等师范学校文艺会上所发表的《娜拉出走后会怎样》演讲中，鲁迅对"娜拉"出走后能到哪里去所发出的质疑及给予的价值判断，即不是堕落就是回来的判断[③]，至少显示了新文化运动作为一场启蒙运动所面临的基本窘境。虽然鲁迅的这篇文章是针对社会特定群体（即女性）而作，却不能因此否定它在当时社会语境中的普遍意义。而更为重要的在于，将新文化运动完全地理解为人的解放运动，将难以揭示其致力于替换作为绅士公共空间基础的二元论意识形态的原始动机。换言之，将人从各种专制的思想及家庭中拯救出来，唤起个人的自由意志等，绝非这一运动的全部目的。事实上，如果我们能够将目光从抽象空泛的"人"转向承受着各种文化洗礼的"身体"，或许会对这场以"启蒙"为定义的文化政治运动及其造成的后果形成某些新的认识。

---

① 周作人：《人的文学》，《新青年》1918年第6期。

② 胡适：《不朽——我的宗教》，《新青年》1919年第2期。

③ 鲁迅：《鲁迅全集（第一卷）》，人民文学出版社，2005，第166页。

从身体的角度来看,新文化运动依然延续着肇始自严复,经由梁启超“新民”学说而开启的身体改造运动的脉络。就其最为外显的主题来看,显然是争取个体的自主自由,使人的身体能够从各种专制主义的桎梏中挣脱出来。对此,陈独秀在《敬告青年》一文中有过明确的表达。不仅其提出的“六大主义”的第一项“自主的而非奴隶的”就鲜明地指向了身体的解放,而且其他的五项主义在严格意义上来说,其实构成了落实“身体解放”的必要条件。“进步的而非保守的”“世界的而非锁国的”“实利的而非虚文的”“进取的而非退隐的”“科学的而非想象的”[①]所言及之物,分别指向了对故训、习俗、名教与宗教等束缚的解除。易言之,只有达到了这些条件,才能让身体从被奴隶的状态走向自主自由的状态。正因为此,新文化运动一方面将其斗争的矛头指向了遮蔽着身体的传统道德学说,一面则着力于确立“内图个性之发展,外图贡献于其群”[②]的新道德。就前者而言,意味着辛亥革命之后在私领域中发挥作用的儒家伦理学说,即以尊卑阶级制为核心的旧道德成为破弃的对象。就后者而论,则意味着标志着身体自由自主的“个性”在这个特定的历史时空中获得了张扬。旧道德的破除和“个性”的张扬,使得身体开始逐渐冲破在私领域中仍然占据主导作用的纲常伦理及其能够发挥的空间——家族与家庭。正因为此,在新文化运动的时代,青年一代摆脱家庭束缚,外出求学者有之;反对包办婚姻,离家出走者有之;不堪忍受旧家庭而与父母、家庭决裂者有之;甚至为了反抗束缚,自杀者亦有之。无论何种形式的“挣脱”,都表明在经历了新文化运动的洗礼之后,身体被赋予的自由自主及其“解放”的状态。

虽然有关民国时期是否存在市民社会是一个尚存争议的问题。但既然对这一问题存有争议,它至少反映了民国时期的市民社会处于不发达的状态,处于需要论辩的状态。正是因为这种不发达,所以当新文化运动将人的身体从家庭空间“拯救”出来之后,其去向何处显然成了一个问题。在五四新文化运动时期,身体解放在将矛头指向礼教及其施展的家庭空间,意在将个人从家的束缚中解放出来的同时,同样拒斥将身体纳入国家与民族的宏大叙事之中。但如果我们将目光从文学领域中移转开来,并能对新文化运动之后的历史时空予以必要的关注,我们将发现,首先,即便就新文化运动而言,无论是《新青年》作者们对于儒家纲常伦理束缚人心、侵蚀个体所展开的批判,对于国民性与抵抗力丧失的关联性思考,又或是对“手无

① 陈独秀:《独秀文存(第一卷)》,上海亚东图书馆,1922,第3—9页。

② 陈独秀:《独秀文存(第一卷)》,上海亚东图书馆,1922,第60页。

缚鸡之力，心无一夫之雄，白面纤腰，妩媚若处子，畏寒怯热，柔弱若病夫”①的青年身体的批评等，都表明其中存在着关于身体的功能性想象。其次，就新文化运动中的“世界主义”取向而言，如公理、自主自由的价值判断，事实上是在以中国为潜在参考对象的前提下给出的。而其后“巴黎和会”的决定所引发的对于公理等的挞伐中，都清晰地表明了这场标榜着“人的解放”的文化运动，其中蕴含着对于身体的国家化想象。陈独秀所提出的“集人成国，个人之人格高，斯国家之人格亦高；个人之权巩固，斯国家之权亦巩固”②思想，虽然与此前的“军国民”确实有着形式上的殊异，但在绅士公共空间解体并因此丧失了对于私领域的保护机制的情形下，身体与国家的联系只会强化而并不会削弱。再次，从新文化运动中的“个人主义”观念来看，“个人主义”也更多是作为一种斗争的武器与工具而被定位的。有研究对《新青年》杂志中“个人”一词的使用进行了统计③，不仅“个人”一词在1921年之后明显减少，更是经历了1919年之前偏于正面，1920年之后偏于负面的功能转变。究其原因，是因为在新文化运动前期，“个人主义”是破除儒家伦理的武器与工具，而在后期，集体主义，即意识形态化的个人观和社会组织蓝图才是近代中国社会真正需要的，亦即终极目的所在。

亨廷顿（Samuel Huntington）在《变化社会中的政治秩序》一书中曾经指出：“传统制度的解体可能会导致社会心理上的涣散和沉沦颓废，而这种涣散和沉沦颓废又反过来形成对新的认同和忠诚的需求。”④新文化运动在私领域中破除了儒家纲常伦理，在公共领域又否认了共和，而身体的解放及其国家化的归属，意味着需要一种新的，具有一元论性质的意识形态来对身体与国家加以统领，或者说是需要为某种意识形态寻找一种合乎于真理的基础。对于标榜科学与民主的新文化运动而言，科学当然是不二的选择。为此，无论是陈独秀与胡适，还是李大钊与鲁迅，科学都被他们视为“改造社会的手段，乃至把科学当做意识形态来宣传”，也正是在这一意义上，于科学史研究领域中，有将新文化运动看作“科学主义运动”的说法，这也正是在科学与民主两面旗帜中，赋予科学以更加基础的位置。新文化运

① 陈独秀：《独秀文存（第一卷）》，上海亚东图书馆，1922，第26页。

② 陈独秀：《独秀文存（第一卷）》，上海亚东图书馆，1922，第44—45页。

③ 金观涛、刘青峰：《观念史研究：中国现代重要政治术语的形成》，法律出版社，2009，第177页。

④ [美]塞缪尔·P.亨廷顿：《变化社会中的政治秩序》，王冠华等译，生活·读书·新知三联书店，1989，第35页。

动的这种价值倾斜①，首先是因为实证主义及原子论的科学概念从自然观的角度提供了社会构成及运作的基本原理。正是原子论式的个人身体理解，使得身体从纲常伦理及家庭空间中的挣脱变得可能；其次，在“科学审于真理，不取意断，而唯真理是从，故最适于教养国民之资格。审于事理，则国家社会与个人之利害有。不从意断，则遇事无私。唯真理是从，故人知其责之所在”的论述中，科学的方法和实践显然在个体与国家的关系建构中具有优越性。再次，科学在唤起人们的道德要求，昭示世界的正确秩序的主要来源以及觉醒人的理性的意义上，将使“个体”“自由”“解放”等概念富有张力，进而为“民族—国家”的权力构建奠定基础。科学所具有的上述意义，既符合于新文化运动使身体获得解放的启蒙意愿，又同样可以使被解放的身体与国家之间重构某种联系。正因为此，有研究指出，在新文化运动提供的特殊历史境遇中，“科学成为一种形而上的文化命令”②而具有了意识形态的权威意义。

三、国家化身体的自我建构与1923年课程改革话语的生成

作为一场政治文化运动，新文化运动虽然同样有着身体的国家化想象，但必须要予以指出的是，这里所谓的身体的国家化想象，是以人的解放、个性解放和身体解放为起始的。因此，与其说是身体的国家化归属，毋宁说是国家化身体的自我建构。而恰恰是因为身体与国家之间的建构方式发生了翻转，身体开始成为课程关注的对象，并为科学知识型作为支配话语言说规则提供了前提和必要性。作为前提，是因为科学知识型强调人作为知识的主体，只有充分关注身体及其活动的筹划，方有可能使个体的人在知识活动中成为“主体”。而所谓的必要性，则建立在科学叙事对于人的解释与知识分化之中，只有人的身体以科学的名义，成为经济学中的劳动力、政治学意义上的公民、心理学领域中的求知体等，它才可能以课程的名义被筹划。正是在上述条件下，科学知识型成为一种话语言说的规则支配着1923年课程改革话语的生成。

① 一般认为，“科学”与“民主”是新文化运动高举的两面大旗，但新近的相关研究用数据库方法所进行的量化统计表明，新文化运动时期各种期刊中“科学”一词出现的频率(《新青年》中为1843次)远高于“民主”(包括相关的德谟克拉西、民治等在内)一词(《新青年》中为1067次)，且新文化运动后期对于“民主”一词的评价渐趋负面(正面评价使用404次，负面评价使用达764次)，这一研究也同时印证了思想史领域将新文化运动视为“科学共同体”运动及“科学主义运动”的见解。详见：金观涛，刘青峰：《中国近代观念起源研究和数据库方法》，《史学月刊》2005年第5期。

② 李丽：《科学主义在中国》，人民出版社，2012，第88页。

其一,个体化政治轴心的翻转及对个性心理的关切。辛亥革命及其后的新文化运动,不仅从体制上,更是从文化价值层面完全颠覆了封建专制体制及其意识形态基础。这种颠覆,意味着福柯所谓的“个人化的政治轴心被颠倒”①的时代开始出现,对照“规范”寻找“差距”成为个人化度量的基本方式。为此,人们内在的心理开始成为关注的焦点所在。这种转变,在教育上的影响,诚如波普基维茨所指出的:“权力透过受教者的心理与身体在制度里运作无疑,个人内心的想法决定专家凝视的焦点,进而将个人转变成专家所谓的‘他者’。”②换言之,此种政治轴心的翻转意味着有关“自我”的真理成为个人达成自我约束的方法。基于此,我们再来审视1923年课程改革话语中有关个性心理的目标陈述,基于儿童心理发展而采取的分科选科制、学分制以及课程教学的弹性化设计,以及课程内容与方法陈述中频频提及的“与人生的关系”“培养正确人生的观念”等等,事实上都投射出这样一种观点:即个人可以在“科学”知识的学习过程中,借由评估自己的心理与行为以了解自己,进而寻求自我的改变以完成身体的解放与自我建构,并使这一过程同样有助于社会关系与日常生活。在这个意义上,身体、知识与社会关系的逻辑架构与科学知识型之间存在着一致性。

其二,知识及其道德实践功能的赋予。课程作为一种知识的安排,其对于国家化身体自我构建所具有的功能,意味着构成课程的知识本身就具有一种适应于民主政治社会的道德实践功能。就作为近代中国社会之前话语生产规则的知识型而言,显然具有更强的道德实践功能,但这种道德实践功能所指向的,实质上是专制与约束,而非民主与自我构建。对此,我们可以从直接关系到1923年课程中“公民科”设置的年会议案中得到印证。

修身范围在狭,仅斤斤于个人之修养,备使个人适应社会;公民学则改良社会以适应个人。故修身不适于共和的社会,此应改之理由之一。修身注意道德之涵养,缺乏法律的观念。法治国之人民,以富有法治精神为最要。其能培养法治精神,巩固法律观念者,莫公民学若。本是而言,则修身不适用于法治的国家,此应改之理由二。修身之标准太旧,多从消极方面立言,与公民积极图谋团体幸福适相反。修身不适用于合作团体,此应改之理由三。

---

① [美]米歇尔·福柯:《规训与惩罚:监狱的诞生》,刘北成、杨远婴译,生活·读书·新知三联书店,2007,第216页。

② [美]Thomas S. Popkewitz:《教育改革的政治社会学:教学、师资培育及研究的权力/知识》,薛晓华译,巨流图书股份有限公司,2007,第54页。

显然，作为社会科学意义上的公民与修身，虽然均有道德实践功能，但其指向显然不同；其次，就科学的求知方法，尤其是近代中国倡导的实证意义上的科学求知方法而言，其本身就具有“去私存公”的道德意义；其“求真”的认识方式对于摆脱偏见，使民众获得相对一致的人生观，进而为社会和国家的体制化变革提供知识和信仰的支持大有助力。正是在上述意义上，严复“艺本政末”课程改革话语中所蕴含的科学的道德实践功能，在特定的历史条件下获得了发挥的空间，并经由体制化的力量而转化为一种社会实践。

综上所述，我们认为，辛亥革命及其后的新文化运动先后从体制和文化价值层面，既在公共领域中摧毁了封建专制体制，又将封建伦理纲常从私领域中清理了出去。由此带来的后果就是身体的解放及其国家化的归属。当然，被赋予了自由自主的身体再回归到国家显然并非易事[①]，这需要一种微观的、指向心理层面并致力于导向自我建构的权力运作。显然，这种微观权力运作的方式给予了科学知识型以发挥作用的条件：科学知识型中人既是主体，又是客体的双重面向使得身体的自我建构成为可能。正因为此，在1923年课程改革话语的陈述中，公民教育、审美教育、自然知识教育、社会知识教育和体育构成了一个完整的知识分科体系而涵盖了社会生活的全部，也涵盖了身体的自我建构——作为国家公民的全部需求。

第三节　杜威来华与实用主义在中国的传播

在杜威访华之前，实用主义当然就已经有所传播。事实上，早在民国初年，“科学”和“民主”就已经为当时中国的一些学者所提倡。而如前所述的教育期刊的创办开辟的新的公共论述空间中，实用主义也是广为传播的西方近代教育学说之一。如王国维担任主编的《教育世界》、1909年创刊的《教育杂志》等，均有过对实用主义的译介。民国初年，蔡元培还曾专门发表文章介绍并评论了西方的实用主义教育。在他的文章中，特别指出：“今日美洲之杜威派，则纯持实利主义者也。”[②]可见，实用主义教育思想在

① 这里的困难不仅仅在于个人主义与民族、国家的宏大叙事之间存在的冲突，还因为新文化运动早期弘扬的世界主义倾向所产生的影响。因此，即便是在1923年课程改革话语中，也依然存在着并不多见，但确实存在的世界主义倾向，如《初级中学历史课程纲要》中对于“人类”的关注。

② 高平叔：《蔡元培教育论著选》，人民教育出版社，1991，第5页。

杜威访华之前,确有传播。然而,杜威访华事件的出现,对实用主义教育思想的传播所起到的催化作用,也是不容忽视的。

一、杜威在华访问历程

杜威对中国的访问,有两方面的力量在其中推动:一是作为私人关系意义上的学生个体,如胡适、蒋梦麟等;二是作为教育机构的北京大学、南京高等师范学校、江苏教育会三个团体的组织行为。在双方的推动下,杜威于1919年4月28日由日本乘"熊野丸"号轮船前来中国,至1919年4月30日晚抵达上海。由此开始了其在中国长达两年两个月十二天的访问历程。其间,杜威访华的足迹遍及奉天、直隶、湖南、江苏、浙江、福建、广东等十一个省和北京、上海、天津三个城市,做了两百多次演讲。

杜威在华演讲的内容非常广泛。杜威访华期间,其访华的资助者和以前的学生在上海第一次见到他时,都希望他结合中国的实情谈论教育改革问题。事实上,宣传实用主义,并对中国教育进行相应的改造,也是杜威在华讲演及访问的重要目的之一。从杜威在华讲演的内容来看,主要涉及他的《儿童与课程》、《学校与社会》和《民主主义与教育》等著作。而在杜威访华期间,各地报刊均对杜威的访问及其讲演内容做了充分的报道。如《新教育》杂志在1920年第3期所出的《杜威志号》,胡适在《每周评论》上所作的《杜威演讲录》等。除了报纸杂志的宣介,专门的图书出版也起着扩大影响的积极作用。《杜威在华演讲集》《杜威三大讲演》等汇编成书的著作出版,均使得杜威在华产生了持续、深远的影响。

杜威及其学说在当时中国所产生的实际影响,从当时的一些报道中也可窥见一斑。在杜威离开中国前一个月,纽约发行的《中国学生月刊》上曾刊登了这样的一篇文章,其中写道:"杜威先生在中国的行程是非常成功的。从他抵达中国到现在,所到之处都受到了热烈的欢迎。一些银行家和编辑经常去他的住处拜访;一些教师和学生则聚集在他的教室里。一些社团竞相接待他,听他的讲演;一些报纸竞相翻译并刊登他的最新言论。他的发言和讲演被竞相阅读,他的传记被精心撰写。人们认真地评论他的哲学,并毫不费力地记住他的名字。"[①]而在杜威离华之后,实用主义在中国的传播日益广泛,其影响逐渐超过了以赫尔巴特为代表的德国教育思想在近

① 单中惠:《杜威教育思想与近代中国教育》,《纪念〈教育史研究〉创刊二十周年论文集》,2009,第2052—2053页。

代中国的主导地位。而就此后的教育改革而言，具有哥伦比亚大学留学背景的本土学生也渐次登台，开始主导中国教育界在各个层面的改革运动。甚至在更为广泛的意义上，陶行知、陈鹤琴等在对杜威实用主义教育思想的反思与发展基础上，所形成的极具本土特色的教育理论，也是杜威教育思想在中国实践之后反思与创造的结果。

二、杜威访华事件的话语意义

杜威在中国长达两年多的两百余场讲演，作为一种学术交流事件，其本身是一种“非话语实践”，但这一“非话语性实践”本身就是一种话语的生产与流通，因此具有积极的话语意义。

这一话语意义首先在于作为话语言说的知识累积。从近代中国关于西方教育知识的引进与累积而言，以杜威及其弟子的相关言论为基础的教育理论体系，以赫尔巴特为代表的德国教育理论体系应该是两个具有主导地位的西方教育知识体系。在杜威访华之前，关于实用主义的译介虽有零星发表，但是总体而言，缺乏一种系统的介绍。而通过杜威访华及其在华演讲，仅就教育而言，据单中惠的收集和整理，其在1919—1921在华期间共有六十一个教育讲演，涉及的领域包括教育哲学、社会教育、学校教育、平民教育、职业教育、大学教育、现代教育、伦理教育、学生自治和教师职责十个方面。而其在南京高等师范学校所做的《教育哲学》《试验论理学》和《哲学史》和北京所做的“五大讲演”，更是非常富有系统性的知识体系建构与交流。而所有的这些讲演，经过翻译、笔记、校对、刊发和出版，自然形成了近代中国教育空间中非常富有杜氏痕迹的知识累积。

杜威来华的话语意义还在于，他使得一批杜氏“弟子”获得了话语权赋予，成为合法的教育话语生产者。一方面，为了配合杜威在华访问的声势，在杜威来华前夕，杜氏弟子纷纷撰文译介，加强舆论宣传。比如，陶行知在1919年3月所发表的《介绍杜威先生的教育学说》一文，提出杜威在教育目的上的“平民主义”和在教学方法上的“试验主义”。而像《新教育》这一作为杜威及其学说宣传主阵地的刊物，也在1919年先后刊发过如胡适、蒋梦麟等人的文章，以《杜威号》的专刊加以推介。对杜威及其学说的认同，必然地使其弟子能够获得相应的话语加权。另一方面，从杜威来华后的讲演现场而言，杜威不善演讲及语言沟通上的障碍，必然要求配备相关的译述者。杜威在华演讲的成功，在某种意义上，应归功于译者。据胡适的自传显示，杜威在哥伦比亚大学的课程是“枯燥无味”的。虽然胡适认为这是杜威在讲课上的字斟句酌，但却也侧面反证了杜威的不善言辞。杜威在华讲演，其在北京的主要译者正是胡适，而在东南地区，则由陶行知、刘伯明等人陪同翻译。其中，胡适、陶行知作为杜威弟子，自不必说，刘伯明虽非哥伦比亚大学学生，却是杜威实用主义教育的信徒。翻译身份的担当，一方面推广了杜威及思想，另一方面也间接推广了其弟子和弟子们的学识。在1922年教育改革及其后的课程改革中，胡适所发挥的积极作用，和其此前因杜威访华事件而积累的影响，大概也不无关联。

当然，除去上述两方面的原因之外，随着知识累积的不断增多及其弟子话语权的增强，杜威在华演讲事实上也吸纳了更多的，关于教育思想的知晓者和信仰者，从而使其教育思想能够在更为广阔的空间中获得言说，更为相关的话语言说提供了合法的依据和社会基础，从而促成了社会空间中相关教育思潮的形成。以作为1923年课程改革话语共同体成员的黄炎培为例，以其为代表的职业教育思潮的兴起和确立，恰与杜威访华事件有共奏之效。在1919年杜威访华讲学之际，黄炎培曾将其关于中国的职业教育理论与杜威的学说相互比照，以说明二者之间的内在一致性。黄炎培引用杜威的话：“教育之为事，不惟训练人之脑，尤当训练人之手。今科学之昌明，皆人类手与脑二者联络发达之成绩也……”[①]用以说明中华职业教育社所提出的“手脑并用”“双手万能”主张的依据所在。此一观点的意义事实上并不限于职业教育，而是在“手”与“脑”的内在联系中，说明了个体与社会、身体与心灵、科学与道德之间无法割裂的关系。为此，在20世纪20年代前后，黄炎培的职业教育思想事实上是具有普遍意义的。职业教育“为个人谋生之准备”“为个人服务社会之准备”[②]的思想，事实上已经超越了狭隘的为技能而教的职业教育论述，而成为带有平民主义的、沟通职业教育与普通教育的思想主张。在这一思想主张的背后，不仅有关切儿童身体发展的内在意蕴，更有赋予科学技术以道德力量的假定。显而易见的是，杜威访华事件为这些话语的言说，提供了恰到好处、恰逢其时的思想资源和舆论条件。

① 田正平、李笑贤：《黄炎培教育论著选》，人民教育出版社，1993，第146页。

② 田正平、李笑贤：《黄炎培教育论著选》，人民教育出版社，1993，第120页。

三、“儿童中心论”中的“身体改造”

1922年新学制的颁布及其后的课程改革，可以说处处皆有杜威的痕迹于其中。比如，变革“教育目的”为“教育宗旨”，即是杜氏“教育无目的”说的体现；而新学制中所提及的“七条”，“适应社会进化之需要”实际上对应的是杜威教育理论中教育与社会关系的思想：教育是社会的，也是为了社会的。而“平民教育”“易于普及”两条，则是杜威在华所着力倡导的平民教育思想的反映；“谋个性之发展”则是杜威教育理论中的“生长论”这一重要观念的体现。当然，在这样一些影响之中，最为突出的，则是其“儿童中心论”与当时中国各种领域中对人的“身体改造”的关切的不谋而合。

杜威“儿童中心论”在当时中国所发生的影响，和其学说自身的合理性与价值性是相关的。在杜威的学说体系中，经验一词无疑是处于核心地位的。经验是主体与环境交互中，主体行动及其行动结果之关系的反思。因此，经验的发生势必需要主体的积极行动，从而凸显了经验的主体性和创造性。这种重视行动和人的创造性的哲学，自然需要将“人”置于其整个活动乃至教育理论体系的起点地位，这与当时中国迫切的“身体改造”诉求有着不谋而合的着眼点。胡适曾批评说：“社会所需要的是做事的人才，学堂所造成的是不会做事又不肯做事的人才。”这种批评实际上反映了当时民族资本主义发展背景下，对既有教育的不满。如何将教育和生活实用、生产实用及儿童发展联系在一起，可以说是当时中国社会发展的迫切需求。而杜威教育学说关于教育和社会、教育与生活、教育与儿童的关系阐述，显然给这种迫切需求找到了一个理性的支撑点。

儿童既是教育的起点。教育和课程就不能不思考儿童，不能不考虑儿童的活动及其安排。因此，开展儿童研究，基于儿童心理发展的特点和规律，尊重儿童发展及其活动的自主性，通过相应的活动形成儿童发展和社会的关系，在1922年学制及其课程建构中，似乎就有了颇多的痕迹可循。在课程改革方案形成的过程中，一个突出的变化表现在论述视角的变化。在清末“中体西用”课程改革话语的言说中，其着眼点在如何平衡“中学”和“西学”的关系，根本上是一种知识视角，是指向政教体制改革的制度关切。而在新学制课程标准起草过程中，透过其话语论述，这一话语言说的视角发生了明显的转变。有关课程的言说开始着眼于儿童通过相关学科的学习，获得与社会、人生的关系建构。这种儿童从“无”到“有”的转变，恰恰意味着自近代以来，身体作为课程改革话语对象的不断明晰。当然，除此之外，课程标准在其限度、内容、分量上的安排，也有着关于儿童身心发展的考量。甚至是在学习方式与活动形式的要求上,如注重实验、学生自治的提出,无不是以"身体"为中心的规划。

基于上述讨论,笔者意在指出,身体作为课程关注的对象,并意图通过知识的选择、组织与实施赋予身体某种经济价值,又或是通过知识的分类,使身体完成其对于国家的自我建构,并不是一件自然而然的事情。至少,在近代以前的教育空间中,身体并不需要和经济价值的产生之间发生联系,甚至在某种意义上,一种指向心灵的教化从根本上就是排斥身体中所蕴含的种种世俗欲望,而要在"天理"的彰显中使欲望、功利、世俗陷入沉默。身体也无须完成其对于国家的某种自我建构,因为,既不存在所谓的"国家",也不存在所谓的"自我",在"修身、齐家、治国、平天下"的逻辑结构中,身体不过只是"家天下"体系中的一个所谓"子民"而已,身体与"国"的关系,一如其与"家"的关系,早已被预设在亘古不变的伦理纲常之中,而无谓"建构"。

然而,随着"民族—国家"观念在近代中国的兴起,以及致力于国家富强的民族资本主义所获得的快速发展,一方面,"身体"开始从洗涤其世俗性、功利性的"天理"中凸显出来,作为生产过程中不可或缺的要素,具有了直接的经济价值,开始从伦理纲常及其运作的家庭空间中挣脱出来,而开启了其国家化的建构;另一方面,经济生产上的转变,民主话语的兴起,意味着权力的性质及其运作机制在发生扭转:从压制性的权力走向生产性的权力,从宏观的权力走向微观的权力。正是在这一意义上,身体及对身体的规训开始成为课程关注的焦点。如何通过知识的选择、安排与实施,增强身体作为生产过程要素的能力,完成国家化身体的自我建构,也成为课程必须予以回应的问题。科学在这一问题的应对上,至少提供了两种功能:其一,作为科学衍生物的知识与技术,一端联结着对于自然与社会的规律性认识与转化,本身就意味着一种力量,显然可以保障身体在经济生产中的能力需求;其二,科学,尤其是作为人文与社会的科学,将使得知识穿透个体心理,完成身体的自我建构变得可能。因此,在1923年课程改革话语的言说中,心理学显然取代了神秘的形而上学,对个性的关注,课程适应性的强调,儿童兴趣的激发等,都表征着科学此种功能的发挥。正因为此,才可能在近代中国社会诞生指向以身体治理为中心的现代中国课程。

第四章

身体治理与1923年课程改革话语的构成

科学话语在课程空间中实践功能的发挥和一系列“非话语性实践”的发生，使近代中国社会改造乃至课程改造的指向越来越清晰。如果用某个词语对这种改革指向加以概括，“身体治理”或许较为贴切。“身体治理”作为现代课程兴起的最终指向，混杂着相当复杂的因素。

“身体治理”和科学知识型在现代社会中地位的确立有着极为密切的关联。这是因为：一方面，现代意义上的科学是经验的，它要求以感官所感知到的事实为依据，进而形成相应的知识体系，以构建作为知识的符号系统和现实世界之间的“能指—所指”关系。另一方面，现代科学的兴起，尤其是生理学、心理学、社会学等诸多学科的发展，为关于身体的理解提供了不同向度的知识基础。这两方面互构了身体治理的可能性与必要性。

“身体治理”在近代中国社会还担负着“社会改造”的功能。近代中国社会从最初的引进西方器物到后期政教体制领域对西方知识的引入，事实上并没有引发改造近代中国社会的内在需求。将社会改造的目光凝聚于“身体”之上，将身体从传统氏族家庭中解放出来，使其归属于国家，进而通过身体改造实现国家富强，无疑是近代中国社会现代化方案中的重要组成部分。

从教育的内部来看，随着杜威访华及其“儿童中心”等理念在近代中国的重要发芽，一种标榜以儿童为中心的现代教育理念，也必然地要求在教育空间的改造上，将目光聚焦于人的身体之上。虽然这种努力从严复的时代就已经开始，但真正成为教育领域的一种实践，依然是和杜威的学说及其流行有着无法分割的联系。历史地看，正是因为在1922年新学制颁布之后，其课程改革话语是围绕“儿童”及其“身体治理”展开的，才呈现了一种崭新的课程面貌，进而标志着“现代中国课程”的发生。这一课程改革话语究竟有何不同的特点，又有何内在的“现代性”意蕴，需要深入其话语内部加以分析。费尔克拉夫认为：“任何话语‘事件’(即任何话语的实例)都被同时看作是一个文本，一个话语实践的实例，以及一个社会实践的实例。”①根据这一阐述，话语分析将包含三个基本的向度：文本向度的语言分析；文本生产、流通和消费过程的话语实践向度的分析；将其置于意识形态和政治权力关系中的社会实践向度的分析。依据这一理解，本章意图通过对1923年课程改革话语在“作为文本的话语”的层次上展开分析，分别从历时性与共时性维度对其形成历程及陈述做出分析，以对其话语言说的特点做出总体把握。

① [英]诺曼·费尔克拉夫：《话语与社会变迁》，殷晓蓉译，华夏出版社，2003，第4页。

第一节 现代中国课程的发生:共时性与历时性的双重维度

一、历时性维度:现代中国课程发生的历程

近代中国教育改革中,学制改革与课程改革往往是相辅相成、互为支撑的。有研究者指出:"课程改革往往向学制改革提出要求,促进学制改革,而学制改革必然影响课程改革,推动、深化课程改革,学制改革最终要体现在课程改革上。"①结合1923年课程改革的历程来看,这一论述合理而深刻地揭示了学制与课程改革之间的内在联系。虽然从改革文本颁行的时间来看,1922年学制改革在先,1923年课程改革在后,看似是学制改革主导、影响了课程改革。但就1922年壬戌学制的出台而言,首先是课程领域的变革引发了更新学制的需求。这在教育部于1919年4月向各地学校所发出的一纸咨文中有直接体现:

查本部中学校令规定中学校科目,以完足普通教育为宗旨。施行以来,详察各处办理情形,大率现行科目不无繁重之嫌,而时势所趋,又有增设他科之必要,因时制宜,庶几推行尽利。兹经本部详加核议,筹定变通之法。嗣后各省区办理中学校,得因地方特别情形,就中学校令施行规则第一条所列各科目,酌量增减,并得增减部定各科目之时数。但增减科目,必须由该校详确斟酌,声叙理由,列表报部核准后,方可开始教授,以昭慎重。

事实上,正是这一纸咨文,打破了民国初年课程硬性划一的束缚。各地学校纷纷以适应地方需要为由,在课程领域实行分科选科制。所谓的分科制,即是将中学分为普通科与职业科等若干科;所谓选科制,即是在分科或分组中,设必修科目和选修科目,使学生享有部分自由选择的权力。分科选科制在20世纪20年代左右的风行,使得当时中学的四年制与之难以适应,改革学制势在必行。自1919年10月全国教育会联合会第五届年会至1922年10月全国教育会联合会第八届年会(济南会议),历经长达四年的酝酿与研讨,《学校系统改革案》(即"新学制",又称"壬戌学制")得以制

① 曲铁华:《试论一九二二年普通中学的课程改革》,《外国教育研究》1994年第6期。

定颁布。新学制的颁行，意味着需要对课程做出某种变革，以适应并落实新学制。这种认识，显然也为当时的教育改革者们所认同。“大凡讨论一种学制，不把各级学校应有课程的最小限度细细研究一番，拿来作规定年限的根据，徒发空论争什么‘三三’‘四二’‘八四’‘六六’的年限分配问题，实在是没有用处的。”他指出，“所以我说改革学制，非改革学程不可，……第一件要紧的事体就是讨论中小学校课程的标准。”①正是基于这样一种认识，1922年济南会议上，浙江、江苏、山东、广东、安徽就已经分别提出了改革中小学课程的提案，而济南会议也决议组织新课程标准的起草委员会，详细拟定各级学校课程标准草案。至此，笔者以为，其一，近代中国社会的需求与学校课程上存在的冲突与脱节现象，促使了学校课程的调整与变革。学校课程进行分科选科制的改革，正是“四年中学之文实不分，造出一般不能生活之人，往往扰害社会以攫取生计”②的学校课程弊端所致。其二，课程改革对学制提出了新的要求，而学制改革又需要通过具体的课程改革加以落实。在这一意义上来看，1923年课程改革文本的形成又是壬戌学制直接推动下的产物。

鉴于课程改革对于学制改革所具有的积极意义，在1922年新学制即将脱胎的第八届全国教育会联合会上，大会为解决新学制课程标准问题，决定组织新学制课程标准起草委员会，详细拟定各级学校课程标准草案。课程标准起草委员会由袁希涛、黄炎培、胡适、经亨颐、金曾澄五人组成，并议定了《新学制课程标准起草委员会简则》。1922年10月21日，课程标准起草委员会在北京召开了第一次委员会，会议对课程标准的进行程序进行了商定。会议决定，由五位委员分别在北京、南京、广州、浙江四处，各选一所高中、初中、小学，“以横向的标准，及纵的限度”做先期实验，并“通告各省区征求意见汇集讨论”③。会议同时还决定“延请专家，在南京开第二次委员会”④，由此拉开了1923年课程文本制定的序幕。

1922年12月6日至12月8日，新学制课程标准起草委员会在南京召开了第二次工作会议。会议邀请各专家列席，“就各处所拟之标准及限度，共同讨论”⑤，通过了中小学毕业标准，并分中学与小学两组，编写了各学科课程要旨，分请专家草拟各科目课程纲要。此次会议形成了如下决议案：

① 中华民国史组：《胡适往来书信选（上）》，中华书局，1979，第169—170页。

② 舒新城：《近代中国教育史料（第二册）》，上海中华书局，1928，第67页。

③ 新学制课程标准起草委员会：《新学制课程标准纲要》，上海商务印书馆，1925，第1页。

④ 张鸿英：《新学制与普通教育》，中华书局，1923，第10页。

⑤ 新学制课程标准起草委员会：《新学制课程标准纲要》，上海商务印书馆，1925，第1页。

小学校毕业标准；小学校课程简表；初级中学必修科名称表；初级中学必修科目学分表；初级中学毕业最低限度标准。[①]会议同时指出，上述各项专家所拟定的课程纲要，分小学、初中、高中三组，各请一专家汇集整理，“并因各级各科衔接关系，复分请专家为纵的审核”[②]。

至1923年4月和6月，新学制课程标准起草委员会在上海先后召开了两次会议，先是“将小学初中各科目课程纲要，逐加复订，对于高级中学，因其内容复杂，复请专家重加讨论”，继而“复订小学初中各科目纲要，并复订高中课程总纲，完竣刊布”[③]。经过前后四次会议，最终形成了1923年课程的基本文本，即《新学制课程标准纲要》一册。已有相关研究认为，这个课程纲要虽然没有经过政府的正式公布，但得益于全教联及其所属的课程标准起草委员会自身的代表性和权威性，各地均按照这个“纲要”中的规定施行。[④]对此，我们似乎还可再做进一步的追问：究竟是什么赋予了全教联及其下属的课程标准起草委员会以如此强大的“权威”，以至于一个未经国家权力加以制度化推行的课程纲要，可以获得较为广泛的认同？对此，笔者尝试从如下三方面加以说明：

其一，课程依据学制对教育阶段的划分来确立课程的目标、内容、方法及毕业的最低限度，重视学生心理发展特点对于课程确立的指导意义，这是1923年课程文本形成过程中科学性的首要体现。这可以从当时教育学者的时评中得到印证：“我国人因素无科学的涵养，一切言论行事，每依据个人主观的直觉，而没有客观的标准。这次议案能应用教育基本科学的心理学，以划分各段教育时期，姑无论其是否为‘纸上谈兵’或仅顾学理而忽实际，但总不能不算是国人对于学术和事业的新觉悟。”[⑤]以此来看，1923年新学制本身就是基于“科学”而产生的，依据学制确立课程，显然也会使得课程体现出对儿童身心发展的关注，并因此使课程展现出科学的品性。

其二，全国教育会联合会作为一个专业的学术共同体，其学术角色及社会作用所体现出的职业化特征，保证了由其形成的课程文本的权威性。20世纪20年代左右的教育研究者是一种建立在广泛的研究和相关知识训练的基础之上的特殊专业人员，意在为当时我国教育的发展提供专业服务和咨询。关于前者，我们可以从近代中国教育家群体的构成中得到印证。

① 张鸿英：《新学制与普通教育》，中华书局，1923，第11页。

② 新学制课程标准起草委员会：《新学制课程标准纲要》，上海商务印书馆，1925，第2页。

③ 新学制课程标准起草委员会：《新学制课程标准纲要》，上海商务印书馆，1925，第2页。

④ 吕达：《课程史论》，人民教育出版社，1999，第302页。

⑤ 李石岑：《新学制草案评议》，《教育杂志》1922年号外。

相关研究表明[①]，近代中国教育家群体的构成主要有两类“谱系”，一是旧学出身，但接受过新式学堂训练，或有留学与考察经历的士人，如蔡元培、陈独秀、袁希涛等；一是由学成回国，致力于教育事业的留学生。以美国哥伦比亚大学师范学院为例，20世纪20年代，在该院学习的中国留学生多达160人，所修学科囊括教育哲学、教育史、教育行政、师范教育、教育心理学、教育统计等，这些经受了专业知识训练的留学生归国之后，更是积极投身于教育研究之中，成为教育研究的专业人员。这一群体所肩负的社会作用，我们可以从全国教育会联合会的宗旨中略窥一斑：“体察国内教育状况，并应世界趋势，讨论全国教育事宜，共同进行。”[②]由这一宗旨可见，全教联肩负着为当时的中国教育提供专业服务与咨询的职责。这种专业的学术角色及其所具备的社会作用使得以全国教育会联合会为基本架构的教育研究具有职业化的色彩。这种由专业的学术角色赋予的职业化色彩，显然从科学的层面增强了1923年课程改革话语的权力效应。

其三，从1923年课程文本的形成历程来看，其所拟定的程序，所采用的方法，都显示了其规范性与科学性。首先，从程序来看，通过全教联以投票的方式选举出五名课程标准起草委员会委员，先后通过四次会议，依次确定各学段横行的标准及纵的限度，在此基础上，确立中小学毕业标准及各科课程要旨，继而草拟各科纲要，并经专家审核，分寄各省区征求意见等，这种程序上的规范性与民主性，最大限度地保障了1923年课程文本的科学性。其次，就其采用的方法而言，在实验的基础上拟定标准是其基本特点之一，这不仅可以在课程标准起草委员会的五位委员所进行的先期实验中得到体现，即便是各科课程纲要的起草者，也同样持此种主张。例如，在新学制课程纲要各科毕业最低限度标准的确立问题上，就有课程纲要起草者主张：“定课程的最小限度，从社会需要方面讲，当从实地调查入手；从学生能力方面讲，当从测验入手。”[③]这种对调查、测验及实验方法的强调，显然与以科学作为“方法之学”的理解面向有关，也表达了新学制课程纲要的科学追求。

综上所述，1923年课程文本的形成历程的科学性主要表现为两个方面：一方面，具有学术共同体性质的全国教育会联合会及其下属的课程标准起草委员会所具有的教育研究职业化色彩，赋予了这一时期的教育家群体以教育专业研究者的角色定位，这显著地增强了这一团体言说的科学

① 杨文海：《壬戌学制研究》，南京大学博士学位论文，2001年，第29—30页。

② 中华民国教育部：《第一次中国教育年鉴（戊编）》，开明书店，1934，第157页。

③ 俞子夷：《小学校的新课程》，《教育杂志》1922年号外。

性；另一方面，就1923年课程文本形成的实际过程来看，严谨的程序和科学方法的采用，也使得其关于课程的言说显得较为科学。从这一意义上来说，学术共同体和科学方法的运用表征了1923年课程改革话语形成历程中的“科学”。

二、共时性维度：现代中国课程的话语特点

如果说上述从文本的形成历程来考察1923年课程改革话语的科学表征，是一种外在于文本的考察。那么，对1923年课程改革话语构成的考察，则将视野指向了话语内部。有必要指出，对课程改革话语构成的理解有赖于对课程的理解，而课程的多义性显然对课程话语构成的理解具有某种阻碍。对此，我们拟从“课程作为知识的选择与组织”这一基本理解出发，以1923年课程改革话语在目的、内容、方法层面的陈述为基本分析单位，对其陈述特点进行分析，主要有如下几个方面。

(一)关切学生个性心理的课程目的陈述

1923年课程改革话语在目的层面的陈述指向了对学生个性与心理的关切，首先表现在1923年课程文本形成的指导思想上。如前所述，1923年课程文本的形成是依托于1922年新学制的。因此，对1922年新学制具有指导意义的“七项标准”，事实上也深刻影响着1923年课程文本的形成。“七项标准”的第三条，明确指出要“谋个性之发展”，将教育及课程指向了对学生个性发展的促进上。事实上，透过具体的各科课程纲要中的目的陈述，并与此前的课程文本展开比较，我们也可以发现与之相互呼应的地方。

以地理科为例，1909年课程文本中对地理课程的目的做了如下陈述：“凡教地理者，在使知大地与人类之关系，其讲外国地理尤须详于与中国有重要关系之地理，且务须发明中国与列国相较之分际，养成其爱国心性志气。其讲地文，须就中国之事实教之。”[①]至1912年民国初年，地理课程的目的则陈述为：“地理要旨在使知地球之形状运动，并地球表面及人类生活之状态，本国外国之国势。地理宜授以世界地理之概要，本国地理及有重要关系之外国地理，并地文要略。”[②]就这两个课程文本中关于地理课程

① 课程教材研究所：《20世纪中国中小学课程标准·教学大纲汇编：课程（教学）计划卷》，人民教育出版社，2001，第43页。

② 课程教材研究所：《20世纪中国中小学课程标准·教学大纲汇编：课程（教学）计划卷》，人民教育出版社，2001，第69页。

目的的陈述而言，其指向显然更为关切的是地理学科本身的知识体系，而并未涉及学生的发展。且就其语言表述而言，在“使知”的语言结构中，学生（儿童）是处于一种被省略的状态。但这种情况在1923年课程改革话语的相关陈述中，发生了明显的重要变化。1923年小学地理课程纲要中对于目的做出了如下陈述：“1.使儿童了解人生与地理的关系。2.使儿童知道本国与世界各国的关系。3.养成儿童对于自然环境及社会环境观察、思索、研究的兴趣和习惯。”①在这个目的陈述中，我们可以发现与此前的若干不同之处：一是从其语言表述上来说，在“使……知”的句法结构中，学生（儿童）不再是一种缺席的状态，开始被明确地加以表述，并成为“知”“了解”的主体；二是这一目的陈述突出了地理与人生的关系；三是儿童的兴趣与习惯的养成开始成为课程的目的之一。这意味着课程作为知识的理解，开始具有了过程性的特点，即课程不仅包含着知识，更包含着求知的过程这一理解面向，也正是在这一过程中，学生（儿童）的兴趣与习惯才有被养成的可能。类似的差异在其他各科，如算术、历史、自然等科中均有明显的反应。这种变化表明，就知识与主体的关系而言，知识更倾向于被理解为主体自我探索过程中的经验生产，也正因为此，求知的过程既是对相关科学知识掌握的过程，也是自我发现与探索的历程。在这一意义上，我们认为，1923年课程改革话语的构成与前述科学作为“公理公例之学”的理解面向有着明显的内在契合。

（二）科学视野下的知识谱系重建

任何关于课程的言说，都不可避免地会涉及科目的设置及其关系安排问题。如果将一门科目理解为一个较为独立的知识系统，那么，课程对于科目的设置与安排，事实上也是一个知识谱系建构的过程。如表4-1、表4-2所示，1923年课程改革话语关于科目设置的陈述主要有如下三方面较为明显的变化。

其一，初小增设了自然、社会两科，整个小学的课程包括国语、算术、公民、卫生、历史、工用艺术、形象艺术、音乐、体育共十二个科目。为了与初中课程衔接便利，上述学科又分别被划入社会、自然、艺术和体育四科之中（如表4-1所示）。

① 新学制课程标准起草委员会：《新学制课程标准纲要》，上海商务印书馆，1925，第18页。

表4-1 新学制小学课程分配表

<table>
<tr><th colspan="2" rowspan="2">学科</th><th colspan="4">国语</th><th rowspan="2">算术</th><th rowspan="2">地理</th><th rowspan="2">历史</th><th rowspan="2">公民</th><th rowspan="2">卫生</th><th colspan="2" rowspan="2">自然园艺</th><th rowspan="2">工用艺术</th><th rowspan="2">形象艺术</th><th rowspan="2">音乐</th><th rowspan="2">体育</th></tr>
<tr><th>语言</th><th>读文</th><th>作文</th><th>写字</th></tr>
<tr><td rowspan="2">百分比</td><td>初级</td><td colspan="4">30</td><td rowspan="2">10</td><td colspan="4">社会
20</td><td colspan="2">自然
12</td><td rowspan="2">7</td><td rowspan="2">5</td><td rowspan="2">6</td><td rowspan="2">10</td></tr>
<tr><td>高级</td><td>6</td><td>12</td><td>8</td><td>4</td><td>6</td><td>6</td><td>4</td><td>4</td><td>8</td><td>4</td></tr>
</table>

初中课程则涵盖了社会科(公民、历史、地理)、语文科(国语、外国语)、算术科、自然科、艺术科(图画、手工、音乐)、体育科(生理、卫生、体育)六科(见表4-2)。

表4-2 新学制初级中学必修课科目及学分分配表

学科	社会科			语文科		算术科	自然科	艺术科	体育科		共计
	公民	历史	地理	国语	外国语			图画 手工 音乐	卫生 生理	体育	
学分	6	8	8	32	36	30	16	12	4	12	164

在高中课程的学科设置上，增设了人生哲学、社会问题、文化史、科学概念、心理学初步、社会学之一种等课程。这些课程的增设，如有研究者所言，使得当时的课程体系“趋于完备”①。这里所谓的“完备”，据笔者推测，当具有两种含义：从学科分类的角度而言，上述中小学的学科设置已基本上涉及了各种科学门类，此为完备的第一重含义；上述学科对于自然、社会与人们生活的各个领域均有所涉及，这是其第二重含义。这意味着，1923年课程话语中所建构的知识谱系使得科学中对学科的门类设置与自然、社会及人的生活领域基本重叠。换言之，社会生活中的所有领域及各领域的经验，均可以以科目的形式在课程中得到说明，获得诠释。就此而论，1923年课程话语中关于科目的相关陈述，实际上折射了科学作为“分科之学”的理解面向。

① 熊明安：《中国近现代教学改革史》，重庆出版社，1999，第68页。

其二，1923年课程话语中关于学科设置的相关陈述不仅表现为上述科目的增设，还同样表现为对科目的变更上。这典型地表现为公民课对修身课的取代、国文正式改为国语。从知识谱系的建构上来说，这样一种科目的变更意味着什么呢？众所周知，“修身”一科在晚清时代的学校课程体系之中，是作为传统道德教育与价值观念教育的新形式而兴起的。至民国时期，经时任教育总长蔡元培的改造，虽加入了如“社会”的现代性元素，但就教科书的编写原则来说，“悉本我国古圣贤道德之原理，旁及东西伦理学大家之说，斟酌取舍，以求适合于今日之社会”[①]，在这一论述中，中国传统社会的道德经验依然具有某种支配的力量。但至1923年以公民课取代修身课，“不仅要求公民课重视道德教育，而且要求其他各学科都应兼顾道德教育”[②]。这意味着传统中国社会的道德经验，遵循着某种“纳入—排除”机制被分散配置于以学科为代表的现代知识体系之中。这事实上表明了科学作为“分科之学”，已经开始具有的对传统中国社会经验的配置功能。而国文正式改为国语，表面上看，是一场以口语改造书面语，并进而影响着语文课程目标、内容与教法革新的运动。但如果从更为深刻的思想史层面加以透视，它实际上意味着“中国的现代日常语言、文学语言和人文话语都是在科学话语的实践中孕育成熟的，也是以科学化作为变革的方向和理由的”[③]。易言之，国文正式改为国语，实质上是科学语言在人文领域作为典范得以确立的外在表现。

综上，从1923年课程话语关于学科设置的陈述中，我们发现，科学作为“分科之学”的理解面向主要从两个方面发生着影响：一是将整个自然、社会与人的生活领域的全部经验以学科（知识系统）的形式加以规划，这主要体现在学科设置的完备性上；一是在近代科学的视野中，以其“纳入—排除”机制对中国传统社会的经验进行重新配置，这既表现为将传统中国的道德经验散置于各科之中，也同样表现为科学语言在人文领域中获得的支配性地位。

（三）强调实验主义的求知方法

从过程的角度来理解，课程不仅包含着知识，也包含着求知的过程。因此，以何种方法获取知识，也是课程改革话语中不可或缺的基本陈述之一。分析1923年课程改革话语关于求知方法的陈述，有如下两点值得关注：

① 高平叔：《蔡元培全集（第二卷）》，中华书局，1984，第169页。
② 吕达：《课程史论》，人民教育出版社，1999，第308页。
③ 汪晖：《现代中国思想的兴起·下卷（第二部）》，生活·读书·新知三联书店，2008，第1143页。

一是设计法的提倡。设计教学法在近代中国的传播大抵可追溯至1913年俞子夷等组成的欧美教育考察团在美国的考察。经过在国内一段时间的试验之后，1921年全教联第七届会议倡导施行："按近今教育先进国对于小学实施设计教学法……现在吾国试用其法者，渐见成绩，宜指定各省区师范学校将设计教学法加以研究，并由师范附属小学及城市规模较大之小学先行实施，作为模范，俾资仿效；庶教学良法，可逐渐推及全国矣。"这一倡导，在1923年课程改革中也有着明显的呼应。小学卫生、历史、地理、自然、工用艺术等皆在其方法上明确提出要采用设计教学。设计教学法作为源自杜威"思维五步法"的一种教学组织方式，其一般需要经过决定目的、制订计划、实施计划和评判结果四个步骤。其在方法论上与胡适将清代学术方法与杜威"五步法"融合归纳后的"大胆的假设，小心的求证"具有高度的相似性。正因为此，设计教学法在1923年课程改革中的兴起至少反映了当时的求知方法强调"经验"的概念，并因此具有浓郁的实验主义色彩这一特点。

二是在具体的求知方法上，学生自身的经验、观察、调查及研究试验既作为学生通达知识的基本途径被强调，也作为一种学生必须予以掌握的过程性元素而被纳入考核标准之中。以小学自然课程纲要为例，其中关于方法的第一条规定为："可以衣、食、住和用具等做出发点。注重观察、调查、记载、征验等。"[①]自然科如此，即便是历史、地理等科，也有着类似的强调。如历史科，"高年级并注重问题研究——以听讲、阅读、调查、思考、证验等为研究过程"[②]，地理科不仅注重实地的考察，出于教学的便利，更强调通过"沙盘、画片、地图"等实物使学生能够对地形、地势及位置等做出观察。不仅如此，作为一种过程性元素，方法还被纳入对学生的考评标准之中。这意味着，方法并不仅仅是作为求知过程中的基本途径被强调的，它更强调将这些方法的运用内化为学生的基本能力。在园艺科毕业的最低限度标准中，就有这样的描述："1.能做最普通简易的作业，如松土、浇水、施肥、除草、捕虫各法，和随便饲养地方适宜的小动物一二种。2.能因上项园作而自行研究试验（观察、记载、比较），略知作物和气候水土的关系。"[③]

上述分析无非表明，1923年课程改革话语中关于求知方法的相关陈述，如设计教学法所透露出的方法论特征，又或是作为具体求知方法的观察、调查与实验，都明显地指向了经验科学所倡导的实证主义论。正是在

① 新学制课程标准起草委员会：《新学制课程标准纲要》，上海商务印书馆，1925，第27页。
② 新学制课程标准起草委员会：《新学制课程标准纲要》，上海商务印书馆，1925，第17页。
③ 新学制课程标准起草委员会：《新学制课程标准纲要》，上海商务印书馆，1925，第27页。

这一意义上，1923年课程改革话语中关于求知方法的相关陈述，与近代中国科学作为“方法之学”的理解面向具有高度的契合性。易言之，这一陈述本身就表征了科学对于1923年课程改革话语所具有的支配地位。

第二节　现代中国课程的内在意蕴：科学知识型

经由上述分析，我们似乎可以用“科学知识型”的概念对1923年课程话语的形成规则加以概括。作为一种属于条件范畴的共通理念，科学知识型是1923年课程改革话语的相关陈述中显现出来的“可以发现的关系的总和”，是“知识空间内的那些构型（les configurations）”①。科学知识型以其全新的视角与想象建构着对于“知识”的认识。这意味着在科学知识型支配的历史空间中，任何关于课程的言说，其构建的课程图景，只有与科学知识型的“知识”想象相符，才会获得认同，并有可能以制度化的形式得以被流通。那么，就作为1923年课程改革话语的支配物——科学知识型——而言，其对于“知识”究竟有着怎样的想象呢？表面上看，这似乎并不构成一个可供探索的问题。因为作为知识型修饰之物的“科学”似乎早已有着确定且普遍的含义，以至于我们可以赋予“科学知识型”以某种普适性的理解。然而，近年来观念史领域的相关研究提醒我们，不同语言里的概念词汇与概念词汇之间的关系并非是自明的。我们虽不必如相关研究者那样激进地认为语言及词之间的对等是“共同的幻觉”②，但在具体的历史语境中对科学知识型的意蕴及其特征加以考察，则显得尤为必要。事实上，我们所要做的，正是尝试在与科学知识型所替代的理学知识型的比较中，获得对其境域性的理解。当然，这一理解不可避免地会依托于关于知识概念的一系列不同维度的概念关系。毕竟，“在没有澄清这些概念关系及其关联之前，不可能对知识概念的意义有一个很好的理解”③。就这些概念关系而言，它涉及知识与认知主体、对象、陈述及社会等基本内容。

首先，就知识与认知主体的关系而言，我们可以从两个方面加以阐释：一是认知主体是谁？二是主体通过何种途径生产或获取知识。就知识的

① [法]米歇尔·福柯：《词与物：人文科学考古学》，莫伟民译，上海三联书店，2001年，第10页。

② [美]刘禾：《跨语际实践——文学，民族文化与被译介的现代性（中国，1900—1937）》，宋伟杰等译，生活·读书·新知三联书店，2002，第5页。

③ 石中英：《知识转型与教育改革》，教育科学出版社，2001年，第20页。

认知主体而论，理学知识型倾向于将知识看作是对世界本体的终极把握，为此，其认知主体多为一个时代的"哲学家"或"思想家"，是一个时代的精英阶层。这一看法反映在课程话语的言说中，不仅决定着课程作用的对象，也决定了课程意欲实现的目标，即主要指向于社会精英的生产。正因为此，古代社会的教育在其对象上是指向少数人的。不同于此，科学知识型认为，知识的认知主体虽然最终指向一个时代的"科学家"或是"研究人员"，但因为科学具有世俗的意义，因此，课程话语的言说虽然同样指向科学精英，但并不排斥芸芸众生。学校课程存在的意义内在包含向大多数人普及科学知识的意蕴。

知识生产或获取方式上的差异构成了理学知识型与科学知识型在认知主体与知识关系上的第二重分歧。"终日危坐一室，左简右编，俯读仰思，冥习妙契，虽中夜必取烛疾书"[①]典型地表达了理学家知识生产的方式。对以"道""天理""气"等为本体的形而上学知识体系的追求，决定了其知识生产仅需要诉诸认知者的"思"，世俗的欲望、经验与情感则是必须加以摒弃与消除的。在此种论述中，身体处于被贬抑的状态，其作为知识生产与获取的意义被消解了。与之不同，科学知识型所理解的知识是经由认知主体，通过经验主义的方法，经由观察、比较、分析等得出且具有逻辑一致性的符号体系。这意味着集合着种种感官，连接着世俗欲望的身体所具有的认知意义开始得到确认。课程与其说是针对心灵的教化，毋宁说是一系列关于身体的规训。这意味着在关于课程的言说中，身体及其规训将开始受到前所未有的关注。

其次，从知识与对象的关系来说，中国的理学知识型并不同于西方形而上学知识型，而有其自身的特点。西方形而上学知识型认为，知识是由世界本体派生而来，因此，它并不需要考虑外在的世界，所有关于世界的知识，已完全为那些经典所涵盖。在中国古代，理学知识型关于世界本体的探讨，以及以此为基础而形成的儒家学说，既不指向现实的世界，又不指向具体的人生，实际指向的是用以专制的手段。从这一意义上来讲，理学知识型构建的"词"与"物"之间的关系是错位的。正因为此，即便在我国封建社会的末代王朝——清代，其科举考试的全部知识来源，依然没有超越儒家学说的几本经典著作。"国家以经义取士，将使士子沉潜于《四子》《五经》之书，含英咀华，发抒文采。"[②]其根本目的不过是为专制的治理手段提供一种道德与自然的学说而已。与之不同，源于西方近代以来的科学知识型在

① 毛峰：《神秘主义诗学》，生活·读书·新知三联书店，1998年，第136—137页。

② 龚延明、高明扬：《清代科举八股文的衡文标准》，《中国社会科学》2005年第4期。

"词"与"物"之间构建了直接的对应关系。知识是对客观事物"本质"的揭示，认识的根本任务在于揭示事物之间相互联系的客观规律。在此支配下，自然的、社会的或是关于人生的种种现象，都被视为客观的，并可用科学实证的方法加以探求。这意味着在课程中，以学科形式呈现的关于事物之间因果联系的种种定律，都成了确证无疑的知识而需要加以了解。无知即意味着无能与愚昧，掌握了知识就等于获得了控制自然、改造社会和自我的力量。正是在这一意义上，在1923年课程改革话语的相关陈述中，知识与当时社会的两大主旋律——启蒙与救亡具有极其紧密的内在联系。这种联系及其对于近代以来我国课程发展的影响，我们将在后面的论述中做进一步阐释。

再次，从知识与陈述的关系来看，理学知识型与科学知识型既具有相似的一面，也有不同之处。就其相似性而言，理学知识型的知识是由一系列的命题、范畴加以陈述，由这些命题与范畴构成的符号体系具有客观性、绝对性、权威性与神圣性的特点。与之类似，科学知识型的知识则是由一系列的概念、命题、范畴构成的，经由数学语言或逻辑语言加以表述的符号体系，同样具有客观性、确定性。[①]正是因为这种相似性，有研究者将中国传统学术及知识系统向现代的转变概括为"从四部之学到七科之学"，着力于探讨"中国知识体系是如何被接纳到以西方知识系统为主要参照系之近代知识系统中"[②]的问题。显然，这种中国知识体系向近代知识系统融入是以知识陈述形式上的同构性为前提的。但另一方面，从符号的指称意义上来看，理学知识型下以命题、范畴构筑的符号体系，由于其指向对于世界本体的认识，因而具有终极性或神圣性，而在科学知识型下，这一符号体系因其经验论的特征，其客观性与确定性需要诉诸实证的力量。然而，这里暗含了一种危险：即当科学将自己作为对世界终极、唯一的把握时，那些由概念、命题、范畴等建构起来、表征着"知识"的符号体系也因此有可能具有形而上学的意义，而获得一种权威的力量。

最后，就知识与社会的关系而言，无论是理学知识型又或是科学知识型，都为当时的社会提供了一种运行的图式，并构成了社会进步的动力。事实上，无论何种知识型，都包含着对社会的想象与建构。在传统社会中，通过知识学习使个体道德趋于完善，进而在家、国、天下的体系中实现社会的发展与进步，所描述的是关于社会的一种图景；而就科学知识型来说，原

① 石中英：《知识转型与教育改革》，教育科学出版社，2001，第83—84页。

② 左玉河：《从四部之学到七科之学——学术分科与近代中国知识系统之创建》，上海书店出版社，2004，第3页。

子论意义上的个人,与知识谱系相对应的社会分工体系,显然又是另一种社会图景。而在知识与社会进步的关系上,理学知识型预设了一个理想的社会,知识的意义在于使人获得对于“道”的理解,进而通达那个预定的理想社会。科学知识型所强化的知识对社会发展的促进意义,是建立在技术广泛运用于社会生活与生产各个层面及领域的基础之上的。易言之,知识的功利性、工具性特点是社会进步与发展的基石。正因为知识对于社会进步的许诺,因此,在1923年课改革程话语中,充满着知识与社会、生活之间关系的种种陈述,知识的价值主要在“用/无用”的二分框架中获得辩护,学校中的科目设置也与社会分工体系之间呈现出一一对应之势。在此意义上,知识的价值获得了普遍性与绝对性的确立。

第三节 现代中国课程的根本追问:身体治理

课程改革话语的言说并不是存在于“真空”之中的语言自身的游戏,而是包含着复杂的权力关系。虽然在某种意义上,知识型作为话语言说的规则,支配着话语的言说及其生成,但一方面,知识型“决定着一个时代提出知识问题的可能方式和途径,决定着一个时代看世界、解释世界的方式,决定着知识价值和知识教育展现的方式”①,它具有时代性,课程与知识的发展历程已经昭示,知识的价值、认知的方式都有其历史的流动性,而非亘古不变;另一方面,知识型的断裂及其转折,与特定历史时空中政治经济场域中的权力关系、制度配置、机构和管理之间都有着密切的互动关系。1923年课程改革的发生是知识型的断裂和权力关系翻转的双重结果,它并不必然意味进步与启蒙,而不过只是人们思考与言说课程的方式变革和权力运作方式的转折。

在上述意义上,我们不妨将1923年课程改革的发生视为知识与权力的汇流。而恰是在这一“汇流”之处,话语和主体身份认同及符应着这一身份认同的思想言行之间建立了密切的联系。在福柯的《疯癫与文明》中,与其说它描述了有关疯癫的历史,倒不如说它所描述的是疯癫及疯癫者陷入沉默的话语史。在这一历史进程中,不断出现的各种精神病话语虽然并未提供纯然科学性或客观性的知识,甚至在某种意义上,它们只是隶属于某

① 金生鈜:《规训与教化》,教育科学出版社,2004,第330页。

种道德指令和政治经济旨趣，但不可否认的是，正是这些有关精神病的话语构建了人们心中有关疯癫及疯癫者的存在。显然，这些有关精神病知识的话语言说所作用的对象并不仅限于“疯癫者”，更包含了社会空间中的每一个角落及其中的每一个人。有关疯癫者本质、病因、症状的相关描述，或是界定一个人是理性（或非理性）的标准经由各种传播渠道传播之后，便会使人主动或被动地依据话语及其中的标准来监视、考核与要求自己。正因为此，我们认为，渗透着权力的话语对于主体的生成具有积极的建构作用。1923年课程改革的发生是在知识、社会与个体的逻辑关系中展开并获得建构的。从惯常意义上来讲，关于个体的改造，思想往往比身体更为彻底，但身体改造的效果却更为直接与直观。为此，有关身体的想象常常会成为这一逻辑关系构建的原点。毕竟，所谓的课程空间总与我们的身体是紧密联系的①。因此，1923年的课程改革中包含着怎样的身体想象，其所包含的文化力量及由此对处于这一话语空间中的“身体”所造成的影响，自然是现代中国课程建构首先需要予以回应的问题。更为重要的在于，在这一课程改革的构想中所形成的身体想象及其文化力量，又可能会对此后有关课程的言说产生怎样的影响，也是不得不面对且需要予以明确回应的关键问题。

一、社会维度：身体的国家化建构②

如前所述，科学知识型作为支配1923年课程改革知识得以发生的内在规则，与政治经济场域中权力的翻转及“身体”的出场有着直接的联系。一方面，身体作为生产过程中不可或缺的要素与“民族—国家”建构中的基本原子，开始了其主体化的构建过程；另一方面，为了使身体能够更好地成为具有主体性的主体，需要通过课程及其对知识的组织与实施，完成身体的自我规训。在这一意义上，1923年课程改革的发生不可避免地有着自身关于身体的想象。那么，在1923年课程改革的相关论述中，其身体的想象是怎样的呢？

在1923年课程改革中，社会科这一包含着公民、历史、地理与卫生四科的科目所占的分量仅次于国语科，这似乎可以说明一种指向“公民”的身

① 熊和平：《课程与身体：微观权力观的视角》，《比较教育研究》2006年第11期。

② 注：此处课程话语中的身体想象，除非在不同学段的课程文本中存在较大分歧，否则均以小学课程的相关文本为研究对象。

体图景建构在当时课程改革中的迫切性与重要性。显然，对于一个经历了制度与价值层面双重洗礼而建构的“民族—国家”来说，通过学校的课程生产出能够“尽责”于国家与社会的身体，从而使其作为“公民”而有益于社会，自然是尤为迫切的事情。因此，作为“直接的道德教学”的“修身”科，因其“难收公民教育的效果”为“属于公民生活的教育”的“社会科”[①]所替代，也是顺理成章的。为此，我们不妨通过“社会科”中的相关言说，一窥其中的“身体”想象。

就公民教育的价值取向而言，基于西方自由主义公民理念而强调公民自由和公民权利的“公民”身体想象，与基于“义务论”伦理取向而强调责任意识培养的“公民”身体想象显然存在着明显的不同。1923年课程话语的相关陈述首先给我们呈现了一个“尽责”的身体。

其一，如有研究所指出的，公民教育中的“尽责”有双重意味：一是个人对于国家、社会和群体的责任、义务，一是强调价值观的统一性。以此反观1923年课程改革中的相关陈述，我们发现，无论是在具有综合性质的社会科，又或是单独设科的公民科及其相关的历史、地理科的目标陈述中，所呈现的都是一个“尽责”的身体形象。这一论断，我们可以从1923年课程纲要颁行三年之后，当时学界的反思总结中得到印证。1926年《中华教育界》在第16卷6期出版了公民教育专刊，有论者从个人与国家两个方面对1923年公民课程做了这样的概括：就个人来讲，“宜重精神与行为之一致，并从而确立其品性（习惯）”；就国家来讲，“宜养成一致之趋向，并从而谋所以护其国”。论者还进一步从知识、行为、精神三个层面对课程目标做出阐述：“1.在知识上，使略知社会国家与个人关系及活动；2.在行为上，使明公民对于国家之责任，并能以适当之动作应付之；3.在精神上，使欣赏各种活动，并从而养成其向上之欲望。”[②]结合1923年公民科的目标陈述来看，上述分析无疑是恰当的。以《小学公民课程纲要》为例，其目标为：“使学生了解自己和社会（家庭、学校、社团、地方、国家、国际）的关系，启发改良社会的常识和思想，养成适于现代生活的习惯。”[③]与上述分析基本上能够一一对应。

其二，在具体的内容与方法构成上，依次形成个体的身体“尽责”于家

① 注：关于1923年课程改革中公民课程的组织形式，当时有两种意见：一是倾向于独立设科，一是将公民科的相关内容融入各科中，最终颁布的课程纲要中，初小与初中阶段设立社会科，包含卫生、公民、历史、地理四科，而高小和高中则单独设公民科。

② 雷震清：《公民教育概论》，《中华教育界》1926年第6期。

③ 新学制课程标准起草委员会：《新学制课程标准纲要》，上海商务印书馆，1925，第12页。

庭、学校、地方团体、地方和国家的形象，在具体实施过程中注重知、行结合。在具体的内容构成方面，知识体系安排遵循由具体到抽象，由近及远的原则，螺旋上升，依次呈现家庭、学校、地方、国家生活概况，县、省、国家的组织概况及个人对于家庭、学校、团体及公民对于地方、国家的责任。这种以群己关系为轴线的内容编排方式，在作为综合的社会科及独立的公民科中均有明显的体现。同样以《小学公民课程纲要》为例，其第一学年的内容安排包含“1.家庭生活概况——例如父、母、子、女的服务责任，以及与自己相互的关系等。2.学校所定规约的原由，和遵守方法等。3.自己对于家庭学校的行为和责任”，第二学年为“1.学校生活概况——例如学校的性质、事业、经费的由来，以及教师学生的责任，并与自己的关系。2.邻居相互的关系及其公共事业。3.邻近职业状况的观察。4.自己对于家庭、学校的行为和责任”[①]，其后各学年依次为乡、县、省、国。在课程实施的方法上，重视实践是其基本的特点。在公民修养的教学中，特别强调“表演”的方法；在社会组织的教学方法中，“观察、调查、讨论”是其基本的方法；而在公民训练上，“学校服务、学校自治”则是其基本方法。这意味着学生必须要动用其自己的身体，尽可能地参与到有关公民修养、社会组织、学校服务之中，从而使其在活动的过程中，主动地完成身体的“公民”构造，从而形成一个可以对家庭、学校、团体、地方和国家“尽责”的身体形象。很显然，课程话语中对于内容与方法的细致陈述，都意味着处于当时课程空间中的“身体”，将在一系列的规范中展开活动，并接受所谓“最低限度”的标准的衡量。而无论是“明了公民对于国家、国际的重要责任”，又或是“能述做良好公民的重要条件”[②]，都指向了一个“尽责”的身体构建。

在1923年课程改革中，“公民”科取代“修身”科，本身就是对于社会政治场域中权力运作方式转变的一个回应，也是对于君主专制转向民主共和的一种回应。正因为此，“公民”的形成内在要求身体的“自治”：“自治之义，与他治相对待……君主专制之国，而人民不与焉，此即他治而非自治也。”[③]正因为“自治”与作为“公民”的身体建构之间存在紧密的联系，因此，在《小学公民科课程纲要》中，要求从第三学年开始“学校自治服务的初步”，并进而过渡到“地方自治事业与公民的关系”[④]。在某种程度上，虽然当时有关课程的构想对“自治”的理解及其实现途径存在某些分歧，但构建

① 新学制课程标准起草委员会:《新学制课程标准纲要》，上海商务印书馆，1925，第12页。

② 新学制课程标准起草委员会:《新学制课程标准纲要》，上海商务印书馆，1925，第15页。

③ 张君劢:《学生自治:北京平民中学演讲稿》，《教育杂志》1923年第9期。

④ 新学制课程标准起草委员会:《新学制课程标准纲要》，上海商务印书馆，1925，第13页。

“自治”的身体这一目的本身，却在当时的不同课程实施方案中有着高度的认同。这种认同，我们不妨从当时两种虽在具体主张上存在分歧，却有着共同指向的实践版本中获得确证。

第一种是源自江苏一师附小，且为诸多学校所仿效的“自治”方式，其出发点是使学生在儿童时期就能够熟悉三权分立的基本精神，并使学生在其亲“身”参与的过程中体验自我管理的方便与效果。张君劢在《学生自治》一文中，详细描述了这种“自治”的方式：以班为单位，由班长、副班长共同维持班级秩序、监察学生行动；组成各班代表联合会以掌管各班共同的事务（如全校风纪的维持、旅行与纪念会的举办）；成立全校学生大会以决议重要自治法规，设立学生法庭以判决学生的行径等。透过这种“学生管理校具、图书及全校建筑，是参与行政也；为兴利除弊计，学生得立种种法规，是参与立法也；学生之犯规则者，由学生法庭判决之，是参与司法也”[①]的设计，显然可以使学生在其中学得如何以民治的方式经营和管理自己的身体与生活，以完成身体的某些属性并使之能够形成对于国家与社会的正向功能。在此意义上，“自治”构成了“尽责”的身体得以发挥功能的条件与途径。

第二种是上海尚公小学校所言说的“自治”方式，其初衷是为了解决学校所面对的如“休息秩序非常纷乱，场地非常污秽，运动器械不够分配，有时发生争夺事故，儿童买杂食的很多，零用费很大”等现实问题。因此，其有关“自治”的言说也主要指向了秩序、整洁、卫生和学生福利等方面。首先，在教师的指导下以年级为单位成立自治会，涉及级务训导部、会计室、监护部等九个部门，其委员均通过选举产生；其次，在学级之上成立学级联合会（又称小青年会），由各级选出的委员共同组织而成，下设图书馆、新闻社、商店等自治机关，以为学生的自我管理提供必要的空间。另外，成立一个独立于小青年会的巡察团，承级务训导部之命，处理一切有关秩序方面的问题，而自治指导部则由教师依自治需要，负责对青年会管理法、图书馆等科目进行讲习，以使学生能够顺利执行各项自治事业。其具体的组织架构如图4-1所示。

① 张君劢：《学生自治：北京平民中学演讲稿》，《教育杂志》1923年第9期。

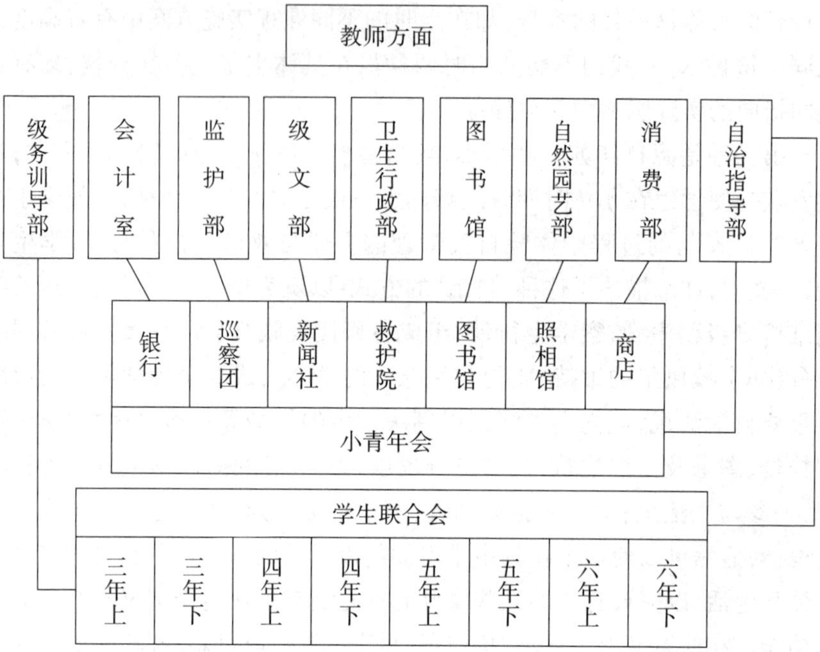

图4-1　尚公小学校学生自治组织架构图

据上所述，尚公小学校的“自治”言说并不同于“三权分立”式的自治言说。但就其严谨细密的组织架构与规制，辅之以标准化的评分、相关“统计表”的运用和相关惩戒措施的配合，都表明学生的“身体”处于被凝视与看管的状态，其目的自然是为了实现自我监视的无形效果——一种接近于福柯所谓的“自我看管的技艺”的效果。换言之，以上两种有关学生“自治”的言说和构想，虽然在具体的实现途径上存在分歧，但意图通过“自治”的手段造就“公民”，进而实现身体的国家化建构的目的却是共通的。

二、知识维度：身体的工具化建构

任何有关课程的言说，似乎都不可避免地会涉及知识与个体的关系。对此，舍勒（Max Scheler）曾正确地指出，无论是“自我教育”还是要“教育别人”，都必须要思考“什么样的知识和认识形式限制和规定着由此人变得‘有教养’的过程”[①]这样一个基本问题。作为知识选择与组织的课程，自然也无法回避知识与人的关系问题。对此，1923年课程改革并无例外。透

① [德]舍勒：《舍勒选集·下》，刘小枫选编，上海三联书店，1999，第1369页。

过1923年课程改革的相关论述,身体在与知识的关系中也呈现出了某种想象——“用知识”的身体想象。

一种定位于“用知识”的身体想象,其成立的前提是知识必须要具有“用”的价值,甚至在某种意义上,知识的全部价值就在于“用”。因为在较为广泛的意义上来说,并不存在与“用”相对立的无用的知识。亨特(Ian Hunter)曾就人文学科的自我理解说:“自由民教育并不是没有目的,而是具有多种不同的社会目的;事情因此不是文化与功用互相对立,而是培育工作的功用价值(有多大)的问题。”[①]即便如此,我们还是可以在“有用性”与“意义性”的层面对知识的价值做出适当的区分:前者指向于知识的功利价值,如知识对于经济发展、改善生活和国家强盛方面所具有的价值;后者则指向对人内在性精神的关注与提升的价值。在这一区别的前提下反观1923年课程改革中有关知识的言说,其对知识的价值定位显然更倾向于前者,即知识的功利性价值。之所以做出这一论断,主要基于如下三点理由:其一,就对课程的功能价值定位而言,其本身就是指向功利性的。“课程之价值,不在其本体,而在其为达到目的之工具上——养成社会效率之工具。”[②]其二,如果将学科理解为“具有一定知识范畴的逻辑体系”[③],那么在课程对于学科的选择与安排的理由陈述中,我们与同样可以发现1923年课程改革的相关言说中存在的知识功利性倾向。以“算术”科为例,其要旨在于“使儿童熟悉日常的计算,增长生活必需的知识”,“小学后二年宜兼教几何和单式簿记。几何是各种计算之母,簿记是生活事业之基,不可缺少”。而如历史、地理、自然等科,“都要注重生活上应用的为第一义”[④]。其三,从反面来说,虽然在1923年课程改革的科目设置上将艺术分为工业艺术与形象艺术,并设音乐科,以增进儿童对于美的欣赏、识别、发表和创造能力,并有相应的学时要求,但限于学校的师资、经费或是学生的性情等原因,其定位依然是“随意科”[⑤]。这也说明了缺乏“功利价值”的知识在1923年课程改革的言说中沦为边缘的命运。

如上所述,1923年课程改革的相关言说中,知识的选择与组织是基于一种“功利价值”的取向而给出的。这一方面意味着知识无须关注其“内在的价值”,从而忘记知识与人的意义关系,教育越来越使人消失在他的“社

① [美]华勒斯坦等:《学科·知识·权力》,刘健芝等编译,生活·读书·新知三联书店,1999,第178页。

② 常道直:《小学课程之研究》,《教育杂志》1922年号外。

③ 孙绵涛:《学科论》,《教育研究》2004年第6期。

④ 庄俞:《对于新学制小学教科目的意见》,《教育杂志》1922年号外。

⑤ 庄俞:《对于新学制小学教科目的意见》,《教育杂志》1922年号外。

会功能”[①]之中；另一方面，它也意味着人的“身体”将在获取知识的过程中经受一系列的“规训”，以使其能够成为“用知识”的身体，进而实现知识的功利价值。就作为“用知识”的身体想象而言，其在1923年课程改革的相关言说中主要有如下体现。

首先，身体成为知识获取的出发点。在1923年课程改革的相关陈述中，对于蕴藏于身体中的动机和需求的激发的强调，明显地构成了其话语言说的特点之一。例如，在《小学算术课程纲要》的方法陈述中：“宜注意从学生生活里使学生发生需要工具的动机。第一年不正式学算，可随机利用上课时或休息时，家里或学校里，学生遇着的数量问题，帮他解决；并且乘机培养他的数量的基本观念；或特设算术游戏时间，使学生在游戏的生活里，觉得数量的需要，因此学习工具。”[②]不仅“算术”科如此，其他各科中也均有以“儿童的切身经验为起点”“衣、食、住等做出发点”的表述。这种对于身体作为知识获取的出发点的强调，和以杜威的“经验”观念确立的“儿童中心说”或不无关系。但更为重要的在于，只有当身体所具有的功利性价值为身体所感知，并成为身体自身的一种内在需要时，它才有可能真正地与身体发生关系，进而使身体去用“知识”。在这一意义上，所谓的“儿童中心”也许只是一种幻觉。因为知识的价值仅仅定位于外在于身体的工具性价值，对于身体及其内在需求的关切，其根本目的并不是真正指向个体的自由与解放，更不是基于个体内在需求的真正关切，而只是出于使其成为一种“用知识”的身体的工具化目的。

其次，活动成为身体的主要属性。对于活动性的强调，是1923年课程改革相关论述呈现的又一重要特点。这体现为两方面：一是在知识的选择和组织上突出“活动性”，在各科课程纲要中，并不十分强调各门学科静态的、逻辑的知识体系，而是着眼于与生活或生产相联系的“活动”。如“自然”科，其一年级的课程内容安排包括：“1.家庭动物、园庭植物、附近田野动植物的观察研究。2.气候与衣、食、住和植物等关系。3.校园的分配设计，和种豆、种菜、饲鸡等法。4.风、雨、阴、晴等气候的记载。”[③]不难发现，这种内容的安排更接近于杜威所谓的“作业”。杜威曾指出：“我所谓作业的意思是指儿童的一种活动方式。它重演某种社会生活中进行的工作，或者同这种工作相平行。”[④]这样具有“活动性”的课程内容体系，显然会同样

① 郭晓明：《课程知识与个体精神自由——课程知识问题的哲学审思》，教育科学出版社，2005，第78页。

② 新学制课程标准起草委员会：《新学制课程标准纲要》，上海商务印书馆，1925，第7页。

③ 新学制课程标准起草委员会：《新学制课程标准纲要》，上海商务印书馆，1925，第24页。

④ 赵祥麟、王承绪：《杜威教育论著选》，华东师范大学出版社，1981，第70页。

地赋予身体以活动的属性。二是在求知的方法上强调调查、观察、实验等，也同样表明身体的活动性受到了前所未有的重视。在这样的安排中，身体在调查、观察、记载与种植的过程中将获得一系列的指导、训练与矫正，从而使得身体获得了将知识运用于生活与生产之中的能力赋予。之所以在1923年课程改革的论述中如此强调身体的活动性，是因为就知识的功利性价值而言，其“功利”的价值并不仅仅指向满足于身体的某种需要（如生活需要），更重要的是指向身体之外的社会生产需要。只有通过活动，才能够使得知识成为一种力量，在身体的需要（生活需要）和社会的需要（生产需要）整合的前提下，实现其价值。在这一意义上，身体的活动性所体现的，恰恰是一种“用知识”的身体想象。

再次，作为生活生产主体的身体想象。“用知识”的身体想象，所着眼的是知识对于生活与社会生产的功利价值。而知识功利价值的实现，需要身体能够成为生活生产的主体。就此，在1923年课程改革的相关陈述中，设计教学法的倡导显著地体现了对于身体的此种想象。如有论者所言，设计教学法的核心就是：“以学生为中心，使学校内部环境生活化、社会化，让学生在实际生活的环境中有目的地进行各种各样的单元活动，从而获得相关知识和解决实际问题的能力。”[①]显然，在一种生活化、社会化的学校环境中，意味着学生的身体也必须要做出相应的改变：身体不再只是知识作用于其上的客体存在，也不是为求知而求知的主体存在，重要的是作为生活与生产的主体而存在。只有在这一意义上，学校的教育才有可能避免杜威所言及的“最大浪费”，即“儿童在学校中不能完全、自由地运用他在校外所得的经验；同时，另一方面，他又不能把在学校里所学的东西应用于日常生活”[②]。正因为此，当俞子夷为设计教学法确立价值标准时，其首条就是“设计的目的要于生活上有实用”[③]，只有当处于课程空间中的身体被赋予了生活与生产中的主体想象时，这条标准才有可能成为现实。所以，无论在何种意义上，我想我们都只能接受要素主义者巴格莱对于设计教学法只重视“工具性”的批评。

在上述分析的基础上，我们似可做出如下推论：在1923年课程改革的论述中，知识的价值倾向于其作为生活与生产的工具性价值，因此，一种指向“用知识”的身体想象，是基于个体生活需要与社会生产需求的整合而给出的。这一前设条件之中，身体只是社会生产环节中的一个要素而已。在

① 田正平：《中外教育交流史》，广东教育出版社，2004，第652—653页。

② 赵祥麟、王承绪：《杜威教育论著选》，华东师范大学出版社，1981，第52页。

③ 董远骞、施毓英：《俞子夷教育论著选》，人民教育出版社，1991，第25页。

此意义上，所谓的“用知识”的身体想象，表面上将身体设定为了知识的主体，但实际上，身体也是知识作用于其上的客体，且在这一客体的意义上，联结着身体作为社会生产要素的工具性想象。

三、个体维度：身体的自我治理

如果说上述“尽责”“自治”的身体与“用知识”的身体想象分别从“身体—国家”与“身体—知识”的维度描述了在1923年课程改革的言说中身体如何成为“驯服且有用”的主体。那么，“享乐”与“规则化”的身体想象则从“个体—身体”的维度，描述了在1923年课程改革的言说中身体是如何作为工具实现自我驯服的面向。应该说，这种自我驯服，既是政治经济场域中权力翻转的结果使然，又是民主共和理念与实践的需要。而之所以将身体视为自我驯服的工具，则是现代性权力的基本特征。这是因为，随着附着在身体上一系列政治的、道德的价值符号趋于消解，身体得以摆脱传统秩序的专制而获得前所未有的“自由”和“快乐”。这意味着现代性权力之下，对身体的控制将不再是以排斥“欲望”和“需求”为基本手段，而是将它们作为控制的基点。对此，有研究者指出：“对人的生产体现为对人的欲望的生产，对人的控制是对人的快感的控制。”[①]对课程而言，重要的不在于生产一个驯服的身体，而是要使课程本身成为能够制造快感和满足欲望的消费品，并使身体在消费课程这一产品的同时，使其自身也成为被消费的商品。正因为此，1923年课程改革话语为我们呈现了一个因为欲望获得满足的“享乐”的身体想象。

所谓“享乐”的身体想象，主要体现为在1923年课程改革话语的相关论述中，“兴趣”“乐趣”“兴味”既成了课程的目标指向，又是其内容构成的基本要求。例如，“历史”科的目标陈述中要求“养成探索事物原委的兴趣”，“地理”科为“养成儿童对于自然环境及社会环境观察、思索、研究的兴趣”，“社会”科为“培养儿童观察社会的兴趣”，自然、艺术、音乐等科莫不如此。那么，课程目标与内容中的“兴趣”陈述，何以表征了一种“享乐”的身体想象呢？

就1923年改革中有关“兴趣”的论述来看，“兴趣”本身就联结着“享乐”。对此，常道直援引杜威的观点指出了兴趣所包含的两个要素：“现在

① 金生鈜：《规训与教化》，教育科学出版社，2004，第25页。

的享乐”“达到将来的目的之手段”[①]。由此可见,所谓的“养成一种兴趣”,事实上就包含着在求知过程中身体所获得的某种愉快的感觉。一旦课程生产并控制了这种求知过程的快感,就可以使得身体进行自我的规训。对此,我们不妨从当时几种利用本能的兴味实现学生自我规训的作业设计中获得直观感受:1.比赛竞争的兴味——各种作业都可以用;练习等呆板的作业尤好。有相互比较、自己比较的不同……4.愿社会称赞的兴味——各种作业都可以用,低年级尤宜。5.律动、音节的兴味——低年级读书、唱歌、游戏、写字等。6.好奇、解问题的兴味——文学、历史、地理、自然、缀法、手工等。[②]可以看到,这里所谓的种种“兴味”,无非就是利用了身体对于特定快感的需求,如比赛竞争中的获胜的快感、社会称赞中被认同的快感等等,作业设计中利用这种种“兴味”,无非就是能够使学生的身体更加积极主动地参与认知的过程。从此意义上来看,1923年课程改革中对于“兴趣”的种种言说,显然包含着“享乐”的身体这一想象。而对于课程及其实施来说,所需要的就是利用这种想象,使学生在主动的活动过程完成对于身体的自我规训。

科学知识是在对自然与社会规律的精确把握中获得其改造世界的力量的,并因此构建了其对于政治经济发展乃至国家进步的许诺。在科学知识与国家进步的联结之中,身体既是认识主体,也是行动主体——它既需要作为认识主体实现对自然与社会规律的精确把握,又需要将这种规律性认识运用于各种领域的实践之中。由此,首要的问题就是要“将认识主体的心智和行为规律化,而这最终要取决于教育对人的规训和自我规训,也就是实现人的规则化”[③]。1923年课程改革中有关“规则化”的身体想象主要表现为对“习惯”的强调上。

在1923年课程改革的相关论述中,“习惯”的养成在课程目标的陈述中是必不可少的一维。“算术”科的习惯在于“有计算正确而且敏速的习惯”;“卫生”科的习惯在于“养成卫生的习惯”;“公民”科则指向了“养成适于现代生活的习惯”;“历史”科为“养成探索原委的习惯”;等等。应该指出,关于习惯的种种陈述,在此前历次课程改革的相关论述中并不曾有过。1923年课程改革关于“习惯”的言说,意味着一种致力于“规则化”身体的打造活动在课程空间中被开启。因为就习惯的本质而言,它是“主体通过形成一种行为秩序(或行为样式)而形成一种心灵秩序(或心灵内容),这种

① 常道直:《小学教学法概要》,《教育杂志》1924年第1期。

② 董远骞、施毓英:《俞子夷教育论著选》,人民教育出版社,1991,第63页。

③ 金生鈜:《规训与教化》,教育科学出版社,2004,第334页。

行为秩序是心灵秩序的呈现。在这个意义上，习惯是心灵秩序与行为秩序的直接统一”[1]。在这个意义上，习惯其实就是一种经由身体行为，并最终外化为身体行为的秩序呈现，其实质就是使身体能够按一定的规则活动，即形成“规则化”的身体。这种“规则化”身体的想象之所以能够得到实现，检查、督促及标准的设立显然构成了其内在的机制。如“养成卫生的习惯”，它需要的是“注重清洁检查。每人备牙刷一把，手巾两块，天天自刷自洗，并且时常督促他们剪指甲等，以渐养成清洁的习惯”[2]。除了检查、督促之外，标准的确立也必不可少。在“卫生科”毕业最低限度的标准中，初级的规定为：“1.略知衣、食、住的卫生方法。2.略知公共卫生的大要。3.具有实行上二项卫生知识的习惯。”[3]正是在这种督促、检查与标准的确立中，身体通过反复的练习（如天天、时常），最终在习惯的养成中，实现自身的“规则化”。

在学校的课程空间中，一种“规则化”身体的想象除了课程改革的相关论述中对于习惯的强调之外，还同样地体现为一系列由奖惩措施、精细的时间控制等构成的完整规训体系。在这样一种体系之中，课程借由身体的欲望而控制着身体，并使身体完成着有关自我的规训。在这一意义上，所谓的“享乐”与“规则化”的身体想象，也同样指向了一个既是主体，又是客体的身体构造，身体由此成了自我规训的工具。

综上所述，1923年课程改革分别在“国家－身体”“知识－身体”及“身体－身体”的维度上展现了其对于身体的想象，并由此形成了国家、知识、身体三者之间的逻辑建构。身体的工具化想象是这一课程话语构成的逻辑原点。而由此所展现的话语力量，一方面，就身体内部而言，它使得蕴藏于身体之中的世俗欲望获得了释放，并确证了其价值，那个在理学知识型中隐藏着世界“真理”的身体图景消失了，随之而来的则是人的心灵、精神及理性在欲望的作用中渐趋于沉默。另一方面，这也意味着在文化与知识结构中，一种指向世俗意义的科学知识获得了前所未有的地位，而那些关乎着所谓人文精神、自我实现及精神自由的种种道德言说的声音，也在科学知识“取威定霸”的过程中逐渐微弱。显然，对于一个与身体、文化和知识有着密切联系的课程领域来说，1923年课程改革所包含的上述种种想象，势必会对其后的课程言说有着不容忽视的影响。

---

① 高兆明：《论习惯》，《哲学研究》2011年第5期。

② 新学制课程标准起草委员会：《新学制课程标准纲要》，上海商务印书馆，1925，第9页。

③ 新学制课程标准起草委员会：《新学制课程标准纲要》，上海商务印书馆，1925，第12页。

第五章

课程空间中身体工具化的危险与应对

有必要指出，1923年课程改革话语虽然是科学知识型对于传统知识型颠覆的产物，且有着政治经济等外在场域的权力结构配置作为支撑，因而获得了较为广泛的认同，并得以被生产与流通。然而，限于近代中国教育内外部种种条件的限制，这一课程改革在当时的历史时空中所发生的实际影响其实较为有限。尽管如此，当我们将目光投向这一课程改革话语产生之后的百年中国课程发展历程时，我们将会发现，这一课程改革话语所开辟的身体空间及其包含的身体想象，至少可以为我们理解其后被冠之以“现代课程”的发展脉络提供一种框架，其影响可能是较为深远的。毕竟，1923年课程改革的发生，事实上标志着中国课程开始真正迈入“现代”，彰显的是作为改革知识得以形成的“科学知识型”在现代中国课程中的支配性力量。作为一种影响着每个人的行动、感觉、言说与看待这个世界与自我的事物，其对于身处近代之后的我们有着怎样的文化影响，又有怎样的潜在危险，更应该成为当下急需予以关切的问题。当然，1923年课程改革话语所包含的潜在危险内在于其话语构成的逻辑之中。我们将看到，内在于身体结构的工具性与欲望性之间的紧张，将使课程的发展面临着怎样的危险境地。

第一节　课程与身体规训

在1923年课程发生之际，权力的翻转、身体的显现以及与之相关的人文学科的发展，都赋予了课程作为身体规训的可能性。如果说在近代中国课程改革中，人们还曾试图赋予科学以道德形而上学的地位与功能，那么历史的演进将会使我们看到，一方面，随着科学世界观的蜕化，作为科学意义上的知识逐渐丧失了其应有的价值意蕴与关怀，这将使得以知识为主要承载的课程在规训的道路上渐行渐远；另一方面，课程学及其相关的人文学科的不断完善，将不断增强其对身体活动进行全面筹划的能力。在上述双重意义上，1923年课程改革及其话语勾勒出的身体工具性图景，将会在此后的课程改革中被不断地重绘与渲染，从而使身体处于一个日益被关切而愈发不自由的状态。

一、课程知识的道德剥离与身体的工具性

众所周知，几乎与1923年课程改革发生同时，近代中国爆发了一场引人注目的知识论战，即所谓的“科玄论战”。之所以用知识论战而非思想论战或是文化论战，是因为这一标榜着“思想文化”的论战，其论争的内容（科学知识与人生观的关系问题）与其论争的形式（借助于西方话语资源）都显著地表明了这一论战的知识性质。在这一论战中，科学试图被赋予道德与价值的性质，从而可以与人生观建立种种联系。然而，无论是从这一论战的实际结果来看，还是就科学自身的内在悖论而言，事实上都透露出了科学在价值层面的蜕化已无可避免。因为科学及其方法所具有的霸权地位的获得，正是通过否定知识与价值的直接联系而获得的。由此带来的后果，则是在科学意义上的知识既缺乏必要的深层意义与价值——它只需要客观地反映“物”的世界，而无须对人的精神发展给予应有的关怀，又无须给予自己某种神圣性的理想追求，而只需要在世俗的意义上展现其功利性的面向。在此意义上，科学知识型对于传统理学知识型的替代，一方面标志着科学的知识体系相对于理学的知识体系获得了绝对的优势，另一方面也意味着在知识体系的内部，科学精神之于人文精神的全面胜利。知识内部这一裂变与冲突的最为严重的后果，就是使课程在世俗化的泥潭中无法自拔，而身体的工具性面向也在此过程中渐趋严重。

其一，致于“实用”的课程目标追求强化了知识的工具属性，从而使得在课程空间中经受知识洗礼的身体呈现出显著的工具性。在对此做出理论层面的阐释之前，我们不妨先接触一则身体在现代课程空间中逃逸的案例：

2013年9月，一个在惯例上中国高校报到的月份里——成都，一位名叫玲玲的女孩，手持每年数以千万计学子争相竞取的高校录取通知书，因其父亲的一笔经济账：“读4年书8万，高中毕业打工挣8万，来回16万，拿去买房或开店都能赚钱”，而终将游离于高校的课程空间之外。

这一典型而极端的案例，事实上不过是近年来流行于社会层面的诸多“新读书无用论”的一个具体表征而已。在这一案例背后，读书（课程学习）的全部价值维系于经济利益的创造与获取，似乎已成为一种不证自明的集体潜意识。姑且不论玲玲父亲有关课程价值的考量，本身就是种种有关现代课程的言说力量在日常生活中渗透的后果。即便是在诸多尝试应对“读

书无用论”的课程专家们的相关言说中，依然未能跳脱经济学的视角与框架，而是在“促进城乡经济的均衡”“守护分数面前人人平等的公平性”“帮助穷困家庭学生就业”[①]等措施下意图将那些逃逸的身体重新纳入课程空间之中。在这一案例里，无论是“读书无用论”，或者是“读书有用论”，其对于读书（课程学习）的价值定位都是在经济学的视角与框架中展开的。为此，无论是将身体置于课程空间以内，又或是逃逸于社会空间之中，都无法逃脱其工具性的命运。这诚然是因为在身体的内在结构中，天然存有工具性的面向。但不可否认的是，致力于“实用”的课程价值追求，无疑强化甚至是绝对化了这一面向。这是因为：一方面，致力于“实用”的课程价值追求，强化了知识的“实用”价值，使得国家权力穿透知识而作用于身体变得尤为迫切。对此，作为“20世纪中国社会形形色色教育理想的主轴或基调”[②]的“国家主义”显然可以作为上述论断的例证。在国家主义教育思想影响下的课程知识，它“一方面要服务于国家利益，另一方面要符合一定的意识形态”[③]，所展现的正是课程与知识在“实用”的钳制下，无法左右自身命运的“文化锁定”状态。这意味着身处其中的身体也只能是在工具性的意义上得以存在。另一方面，科学在实际社会进程中展现的巨大力量，使得斯宾塞“什么知识最有价值？一致的答案是科学”的命题不断地获得验证，科学知识的全面胜利以及科学自身“价值无涉”的固有特性，都在有意无意地表明个人内在的精神自由既无必要、也不可能成为课程发展的价值追求。这种对于身体内在精神自由关注的缺失，不只是加剧了身体的工具性，更重要的在于，它切断了身体超越工具性存在的可能路径。

其二，如果说致于“实用”只是从目的层面确立了课程发展的路向，抽离了课程知识的价值意蕴，那么，一种致于“效用”的课程知识选择与传递机制，则从手段与技术的层面，既保障了课程致于“实用”的目标追求，又强化了身体的工具属性。一方面，就致于“效用”的课程知识选择而言，明确社会的需要并据此在课程目标层面上阐释身体预期的行为变化，进而对知识做出选择与组织显然构成了现代课程知识选择的基本机制。这一机制在1923年课程改革话语生成的过程中亦有明显的痕迹。随着课程编制科学化水平的不断发展，这一机制在课程知识的选择中也愈来愈具有可操作性。正因为此，课程知识的谱系与社会分工之间有着高度的同构性，经受

① 郝文武：《新读书无用论的根源及其消除》，《中国教育学刊》2009年第9期。

② 石中英：《20世纪教育中的国家主义：回顾与讨论》，《教育学报》2011年第6期。

③ 郭晓明：《课程知识与个体精神自由——课程知识问题的哲学审思》，教育科学出版社，2005，第44—45页。

课程知识洗礼之后的身体所要产生的行为变化，也有着越来越细致的规定。在这一意义上，课程知识不仅缺乏必要的价值意蕴，也实然地强化着身体的工具化倾向。专业化的生活及与之相对应的课程知识谱系，在“将人们的心灵切割成碎片”[①]的同时，也使得身体不可能在自身内部寻找到可以依存与栖息之地，而只能使之臣属于外在之“物”。另一方面，就较为微观的层面来说，课程知识在传递过程中，也通过一系列的对于身体的细致规定，来使身体达到课程目标要求的种种行为状态。这种微观的身体控制机制主要通过两种方法得以实现。一是通过对知识传递过程中占据主导地位的教师身体加以控制，来实现对学生的身体控制。在此意义上，作为课程知识传递的教学就是要“在理论上明确了教学的主要工作是传授和学习知识，知识是基础，提出了诸多教学原则，之后，关于教师备课、上课、课堂上各种教学方法的运用、课外辅导、批改作业、组织复习考试等等，都讲得比较具体，使教师知道怎么做”[②]。二是“教师控制学习经验的方法，是通过构建情景——会引发学生作出所期望的那种行为的情境——的方式来控制环境”[③]。在这里，课程知识传递虽然并未直接对身体的行为及姿态做出要求，但这种所谓的情景的构建，却明显是建立在对身体行为精确的科学计算的基础之上。应该指出，虽然1923年课程改革话语建构了身体的工具化图景，但课程知识传递过程中对于身体的微观控制还因其“实验主义”的色彩而具有多样性与个性化的特征，然而，随着科学对于课程领域的不断渗透，这种多样化与个性的身体姿态却日益萎缩，而变得单一、僵化与机械。正是在这一意义上，我们认为1923年课程改革的相关论述中所隐含的危险具有隐蔽性和迷惑性，它以看似个性、多样的课程形式复演着关于身体规训的故事。

二、课程作为身体活动的全面规划

如果说课程的上述发展面向是在程度上不断加深自1923年课程改革话语开启的身体工具化倾向，那么，课程作为身体活动的全面规划，则体现了这一课程改革话语中身体工具化倾向在日常生活中的延伸与扩张。主要表现在如下两个方面：

---

① 郭晓明：《课程知识与个体精神自由——课程知识问题的哲学审思》，教育科学出版社，2005，第46页。

② 王策三：《“新课程理念”“概念重建运动”与学习凯洛夫教育学》，《课程·教材·教法》2008年第7期。

③ [美]拉尔夫·泰勒：《课程与教学的基本原理》，施良方译，人民教育出版社，1994，第50页。

其一，依据相关学科的理解，对求知过程中的身体活动做出细密的划分。显然，就现代课程的概念而言，它已经超出了传统意义上仅仅指涉“知什么”的狭义理解，而同时包含了求知的过程。这意味着课程不仅要关注知识的选择与安排，也同时需要对知识的实施过程及身体在这一过程中应该表现出的行为及姿态加以关注。在这一意义上，课程依据作为其基础理论来源的相关人文学科，如心理学，对身体的活动做出细密的划分就显得尤为必要。据此，我们发现，一方面，现代课程依据心理学的相关研究，分别从不同维度，如知、情、意对身体的内在结构做出了明确的划分，并从目标分类学的角度构建了复杂而又精确的目标体系，尝试在“行为主体、行为动词、行为条件和表现程度”[①]的细致规定中对身体应该产生的行为变化加以描述。这样细密而精确的行为表述，配合以各种不同的监视及考核制度，不仅表达了其意欲构建的身体图景，更使得身体在这一整套的技术中被规训与生产。另一方面，就实际的求知过程而言，对身体在参与求知活动中所应该保持的节奏、程序及姿态，也有着或隐或现的要求。在现代课程的求知安排中，身体所处的空间位置安排（如合作学习中的小组划分）、活动时间规划（如认知活动的步骤分解及身体参与各个步骤的具体时间规定）均有如福柯在《规训与惩罚：监狱的诞生》中对教会学校学生身体状态的细致描绘[②]那样的细致规划。

其二，完善的课程体系使课程得以突破有限的教室空间，而将其对于身体活动的规划与控制延伸至教室乃至学校教育空间之外。对此，我们只要随便翻开一本有关课程理论的著作，看一看名目繁多的课程类型即可一目了然，如学科课程与经验课程、分科课程与综合课程、必修课程与选修课程、直线式课程与螺旋式课程、显性课程与隐性课程等等。这些基于不同维度而做出的课程类型区分，各有其价值与优缺点，也因此实然地体现在学校课程的基本结构之中。因此，就中小学课程结构的安排而言，“基本上是由必修课、选修课、活动课和社会活动四个‘板块’组成的”[③]。我们只要

① 钟启泉、崔允漷：《新课程的理念与创新——师范生读本》，高等教育出版社，2003，第75页。

② 福柯曾对18世纪法国教会学校教室中学生的身体状态做过如下的描绘：保持笔直的身体，稍稍向左自然地侧身前倾，肘部放在桌子上，只要不遮住视线，可以用手支着下颚。在桌下，左腿应比右腿稍靠前。在身体与桌子之间应有两指宽的距离。这不仅是为了书写更灵活，而且没有比养成腹部压着桌子的姿态更有害健康的了。左臂肘部以下应放在桌子上，右臂应与身体保持三指宽的距离，与桌子保持五指宽的距离，放在桌子上时动作要轻。教师应安排好学生写字时的姿势，使之保持不变，当学生改变姿势时应用信号或其他方法予以纠正。见福柯：《规训与惩罚：监狱的诞生》，刘北成、杨远婴译，生活·读书·新知三联书店，2007，第172页。

③ 施良方：《课程理论：课程的基础、原理与问题》，教育科学出版社，1996，第125页。

略述一下这四个“板块”的目标指向,就会发现课程是如何在对身体可能活动的领域完全覆盖的基础上,实现着有关身体的规训:必修课程指向基本学力,选修课程指向个性特点及差异性的需要,活动课程的目的在于加强课外活动的组织与安排,而社会活动课程则指向使学生更好地了解国情、了解社会,以及增强学生的社会实践活动能力。以上四个方面交叉重叠所构成的课程空间,显然已经基本涵盖了身体日常活动的大致范围。这意味着在现代社会中,要么成为一个“无知的”身体,要么就在课程的空间中无所逃遁,接受课程有关身体的种种规划与安排。

事实上,上述两方面仅仅静态地呈现了课程作为身体活动的全面规划所可能涉及的内容,就其运作的机制来说,学校教育空间中一系列检查、监督及考评则最大程度地保证了这种有关身体规划的落实。而近些年来课程发展中“家校合作”以及课程与社区联系的种种言说,似乎更有效地保障了课程在学校教育空间之外对身体施行规训的效果,虽然在这些新的机制被言说之前,课程依然可以通过诸如“家庭作业”之类的措施来保障其在学校教育空间之外对身体施以规训,但这些新机制的建立,无疑可以最大限度地保障课程对于身体的全面规训。

在上述意义上,我们认为,1923年课程改革话语言说所开启的身体工具化想象,初步构建了课程中“权力—知识”对于身体进行规训的基本机制。而随着课程及其相关人文学科的发展,这一机制显著地获得了某种强化,并使得身体的工具化倾向有着越来越为严重的趋势。然而,无论在何种意义上,作为“人”的身体都不应该仅仅成为一种工具性的存在,毕竟,如有研究所指出的那样:“我们无须把既有的臣属当作是一个恒常的状况来对待,……这种误认将使身体更加无法自国族统属的格局或权力与金钱联结的网络中解放出来,反而会使身体继续溺毙在既有的权力之海中。”[①]正因为此,这种朝向身体工具性的课程发展面向中,有着需要我们对其保持必要警醒的潜在危险。

第二节 课程与身体欲望

与其说1923年课程改革话语的生成意味着身体的解放,毋宁说是一

① 黄金麟:《历史、身体、国家:近代中国的身体形成(1895—1937)》,新星出版社,2006,第236页。

直潜藏于身体之中，为道德伦理学说所压抑的世俗欲望在政治与经济的视角言说框架中获得了觉醒与价值确证。因此，正如1923年课程改革的相关论述所呈现的，课程一方面要运用理性的规划及配套的技术对身体的世俗欲望展开规训，以实现"尽责"与"用知识"的身体想象，使身体能够同时服务于国家政治与经济发展的双重需要，这种偏狭于身体工具性的课程发展路向，构成了1923年课程改革话语的第一重潜在危险。但这并不是全部的危险所在。更为重要的是，在1923年课程改革话语中，一种指向世俗欲望的理性规训并不拒斥身体在这一过程中获得"源自身体活动带来的些许快乐"①，而同时有着"享乐"与"自治"的身体想象。这里的危险在于：一方面，身体活动所产生的"些许快乐"可能会成为一种"麻醉品"而使身体在朝向工具化发展的过程中，缺乏对于自身境况的必要感受力；另一方面，"些许快乐"的言说可能会因为话语的"增殖"以及相应的语境支撑，而成为课程的全部精神，并因此使课程湮没在身体的欲望诉求中。

一、课程中迷幻的"快乐"

如前所述，1923年课程改革话语中虽然有着明显的身体工具化图景，但作为一种具有"现代"意义的课程构想，它明显地赋予了身体一定的"自主"，以使之能够相对自由地活动并获得些许"迷幻"的快乐（如兴趣的关注与养成）。之所以对这种快乐修饰以"迷幻"，首要的原因在于1923年及其后的课程话语中，关于"快乐"的言说仅仅是工具性身体形成中的一种"修饰"，是通达种种认知目的的外在手段，而无法抵达作为人之存在的"意义"世界。

对此，我们不妨以1923年课程话语中有关"兴趣"的言说及其可能造成的影响来对上述问题加以说明。虽然杜威曾就"兴趣"在课程中的使用给出过如下警告：如果客体、材料与自我、心理之间"没有教育性"或"包含着生长和发展"，唤起的仅是"一瞬间兴奋"或外在的"愉快"，"那就是恰恰败坏兴趣的声誉"②。但无论是1923年课程改革中有关"兴趣"的言说，如利用学生本能的竞争或是社会的称赞来设计作业，还是此后课程发展过程中的有关"兴趣"在课程中的种种运用，如在主流课程之外开设"兴趣课"，又或是课程中越来越多的声、光、色技术的运用等等，都表明这种关注"兴

---

① 熊和平：《课程与身体：微观权力观的视角》，《比较教育研究》2006年第11期。

② 转引自郭戈：《兴趣课程观述评》，《课程·教材·教法》2012年第3期。

趣”所引发的“快乐”是外在于身体的自我意义追寻与构建的。在这一意义上，相关研究以“学科课程教学的点缀和陪衬”及“真正规范的兴趣课程基本上还处于边缘化状态”①，来形容我国中小学所进行的诸如兴趣教育、愉快教育、综合实践活动课程、校本课程及至热闹的“兴趣课”“兴趣小组”“兴趣班”等课程教学试验，恰恰从某种程度上揭示了1923年课程改革话语所构建的“享乐”的身体图景的潜在局限：即一旦兴趣无法在主体与客体之间建立起某种联系，无法成为一种“居间”的状态，所谓求知过程中的“快乐”，不过只是“一过性”的暂时“快乐”，其根本目的是以一种“佐餐小菜”的形式使身体的工具化历程变得更为顺畅有效。在这一意义上，1923年课程改革话语所构建的“享乐”的身体，只是在使身体更有效地进行自我规训的同时，加剧了其工具性的面向。

如果认为上述分析已经对1923年课程改革话语所构建的“享乐”的身体图景中隐含的危险做出了充分的揭示，那这种揭示本身将意味着新的“遮蔽”。1923年课程改革中有关“快乐”的种种言说（如调查、观察等允许身体自由活动的求知方法、对于兴趣的关注等），只是在“如何求知”的视野中给出，因其目的是使身体能够更加符合于科学知识的生产与认知的需要，无关“如何生存”的“意义”而成为一种“虚幻”，但即便如此，这些致力于“快乐”的言说也不会对课程空间中本已悲惨的工具性身体产生任何更为严重的后果。因此，这一问题的实质在于，这样一种“虚幻”的“快乐”本身所具有的“迷惑”效果，是否有可能会使致力于身体规训的课程看起来充满温情，以至于会使人们忘记去感受与思考身体在课程空间中可能遭受的不幸？答案显然是肯定的。在科学知识占据着课程空间的主流位置之时，就意味着其在世俗性的面向上，使“‘效率’‘收益’‘平等’‘实用’‘发展’等词汇代替了‘心灵’‘德性‘仁’‘境界’‘来生’等等成为表达现代教育理念的基本语汇”②。这意味着就科学知识型支配下的课程话语言说而言，它不可能放弃效率、实用等功利性价值，而去关注身体内部的心灵与精神自由，从而使身体仅仅从属于自我。事实可能更在于，对于身体在求知活动中“些许快乐”的肯定，以及其他不同形式的“些许快乐”，所造成的客观后果可能只是“科技主义的狼披上进步主义的羊的外衣”③，而营造了一个有关身体解放的虚假叙事。或许，这才是课程话语中迷幻的“快乐”所可能造成的真正危险。

---

① 郭戈：《兴趣课程观述评》，《课程·教材·教法》2012年第3期。

② 石中英：《知识转型与教育改革》，教育科学出版社，2001，第112页。

③ 欧用生：《披着羊皮的狼——校本课程改革的台湾经验》，《全球教育展望》2002年第7期。

二、湮没在身体欲望中的课程

相较于传统理学知识型支配下的课程话语言说及其构筑的话语空间，身体的欲望在二元对立的词语逻辑之中，只能在对“天理”的追求中成为需要被清理的对象。因此，在教育及课程空间中，“无论是经济性的欲望、情感性的欲望，还是因为这些欲望而产生的言语、声音与行为，都将从人身上消失”①。但科学知识型支配下的课程话语言说，恰恰使这一传统理学知识型中相互对立的二元发生了颠倒。在1923年课程改革话语中，科学所承诺的世俗意义，一方面赋予了身体的经济性欲望以正当性，甚至使之成了课程的根本追求，课程知识的选择及求知方法的规定赋予了课程以浓郁的“实用”色彩；另一方面，因为身体的经济欲望的复苏及其在经济生产过程中“主体”地位的确立，使得身体的情感性欲望也获得了承认，而其目的则指向了作为求知“主体”的身体能够产生积极主动的求知行为。姑且不论这种对于身体欲望的承认，在1923年课程改革所作用的课程空间中能够产生怎样的后果。单就话语的“增殖”效应来说，被打开的身体欲望之门，完全有可能凭借特定的权力关系占据课程话语言说的中心位置，从而使课程沦为服膺于身体欲望的“消费品”。

对此，现代课程的发展似乎已经在某种程度上昭示了这一潜在危险的“现实性”。在学校课程的实践中，不满于所谓“传统”课程对于“人性”及身体欲望的压抑，而致力打造富于“人性”的课程实践，正面临着“把‘以人为本’的发展观进行人本主义的曲解”，其最主要的表现就是“把其中的‘人’理解为个体的人，并抛开人的社会历史规定性来议论人，片面强调人的动物性、个体性、差异性、非理性，陷入了肤浅、片面、抽象的人本主义议论”②。于是，在学校课程实践中，我们看到，回归生活世界的课程被曲解为了回归生活，甚至课程就成为真真切切的“生活”本身。这样的课程确实可以充分满足身体的诸多本能欲望，使身体在真实的体验中获得快乐。但对于有着“开拓生活、创造生活、美化生活，从而不断提升生命活动”③的课程而言，这样的满足是否会显得有些许的肤浅，而无法实现教育对于人性的“不断地改进”④呢？答案或许是肯定的。于是，我们同样看到，在学校课程的实践中，绝对的自由替代了社会与文化的必要制约，课程文本的过度解读、随意

① 周勇：《教育空间中的话语冲突与悲剧——中国十一世纪的经验》，教育科学出版社，2004，第202页。

② 孙振东：《教育人性化思潮论略》，《教育学报》2010年第4期。

③ 张楚廷：《课程要“回归生活”吗——论课程与生活的关系》，《课程·教材·教法》2010年第5期。

④ 任钟印：《世界教育名著通览》，湖北教育出版社，1994，第499页。

阐释以及具体实施过程中的种种“生成”,似乎已经绝对正当,以至于无须,也不能再加以任何的限制与追问,否则就会因其“戴着镣铐”无法“起舞”而被批判。与之相关,我们同样看到,在课程评价的实际过程中,一种导向“人性化”[①]的课程评价,在对“个体差异”给予绝对关注的同时,似乎也已经模糊了课程评价所应该秉持的“共同价值”,而走向了价值的虚无。

上述种种现象,无非表明在1923年课程改革话语所开启的身体欲望之后,课程领域是如何在一种新的权力关系配置中,在身体欲望的主宰中“不能自已”的命运。难怪有研究者曾以“‘被’字命运”[②]来阐释课程改革的逻辑。从课程与身体之间的关系来说,当课程放弃了理性、高尚、良善的追求,将自己陷入对于种种身体本能的“欲望”的满足之中时,所意味的可能将是“教化的终结”与“教育的没落”[③]。而处于课程空间的身体,虽然在表面上摆脱了工具性的奴役,却可能会在横流的“欲望”中丧失其应有的文化属性,成为“欲望”恣意摆布的对象。显然,湮没于身体欲望中的课程将会使我们的身体享受到种种的“快乐”,然而,我们愿意让自己成为“因为缺乏可辨认的灵魂”而没有差别的同质化的“身体”吗?我无法确定。因为,或许某一天,当人“如同大海边沙地上的一张脸”[④]而被抹去的时候,身体又会有着怎样的境遇,可能谁也无法预料。

第三节　关怀自身的生存美学与课程发展路向

1923年课程改革奠定的现代中国课程关于身体的双重想象:工具化和欲望化,事实上是与近代中国的“双重化建构”密切相关的。从建构民族国家的视角审视,身体的工具化想象及规训,事实上是基于身体的国家化想象给出的。而如果将视角转向民主国家的建构进程之中,身体欲望的激活则又包含着消费主义的面向,彰显的是身体的个体化与商品化趋向。在

① 注:这里所指出的现象,并不针对理论及理念层面,而只是针对课程教学现实中可能出现的种种误区。在《人性化教育:一种解释》一书中,作者曾剖析了三种教育:“反人性化教育”“伪人性化教育”和“真人性化教育”。(见钟启泉:《走向人性化的课程评价》,《全球教育展望》2009年第1期)当教育完全沦为“人性”的注脚时,它其实已经丧失了对于人性进行超越的可能性,而无法成为真正意义上的“教育”。显然,上述理解对于课程领域同样是适用的。

② 王洪席:《过程课程观的构建研究》,西南大学博士学位论文,2011年,第84页。

③ 金生鈜:《规训与教化》,教育科学出版社,2004,第227页。

④ [法]米歇尔·福柯:《词与物:人文科学考古学》,莫伟民译,上海三联书店,2001,第506页。

前者的意义上，课程的意义在于以科学知识为基础，塑造语言学意义上“说话的主体”、政治经济学意义上“劳动的主体”、生物学意义上“生活的主体”，也在于以“区分的实践”用以塑造“正常人”。在后者的意义上，课程的意义则在于成为个体寻求物质刺激和表现自我的载体，从而使身体在摆脱权威和价值之后，不断滑向消费主义的深渊。由此带来的问题当然不只是身体因为工具化的发展面向而缺乏内在整合，更在于个体身体因为缺失价值引领而成为纯粹注重感官的“肉身”，成为“空心化”的存在。课程如何实现对于自身的真切关怀，以化解现代中国课程发展中的可能危险，尚需进一步探讨。

一、知识的“问题化”

身体在课程空间中的工具化命运，从知识的维度来看，是由现代文化的理性基础造就的。西方社会的现代文化之所以有别于它所要反叛的传统文化，一方面是凭借着价值理性的行动，以其革命性成为打破传统、推进理性化进程的动力；另一方面则是诉诸目标理性的行动，以“功利目标”的达成成为社会的常规化力量。[①]这种对于理性的高扬，和西方资产阶级知识阶层以“唯理智论”的方式把握宇宙这个“有意义的整体”或“井然有序”[②]的方式是内在一致的。由此带来的结果是，一方面，机械论的宇宙观代替了目的论的宇宙观，主宰世界的力量从传统的“神”与“超自然力”转向了自然的机械力，形成了马克斯·韦伯（Max Weber）所说的“祛魅”。另一方面，知识论上合理化的结果，进一步彰显了理智知识的胜利。知识作为真理的面目日益清晰。这不仅进一步使主观的、非理性的情感、价值和信仰被排除在知识以外，以尽力避免韦伯所言的“理智的牺牲”[③]，更凭借现代社会组织合理化的机构、制度，使作为真理的知识成为人们思想和行为理性化、规则化、主体化和非自然化的宰制手段。为此，一个现代化的社会中，真理体系越是严密发达，人受到的约束就会越多，也就越来越失去他原本自然的自身，成为被知识规训的主体。受制于此，在社会文化中一直作为工具存在的学校课程转向维护世俗价值，走向实用、效用而抛弃自身对于人的关怀，自是理所必然。

① 苏国勋：《理性化及其限制——韦伯思想引论》，上海人民出版社，1988，第90页。
② [德]马克斯·韦伯：《经济与社会（上卷）》，林荣远译，商务印书馆，1997，第569页。
③ [德]马克斯·韦伯：《经济与社会（上卷）》，林荣远译，商务印书馆，1997，第634页。

对于近代中国而言,课程朝向现代的此种转向更有其深刻的社会动因。外在地看,近代中国面对西方列强时的存亡危机凸显了现代知识的工具效用,从而加强了知识通过课程对个体的规训力量。但内在地加以审视,随着传统价值体系和权威力量对个体制约力量的坍塌,科学更是被寄予了道德关怀的价值使命,从而意图以科学的方式构建现代意义上的民族国家。在此背景下,以1923年课程改革为标志的现代中国课程,实际上不过是科学知识型贯穿其中,彰显现代文化理性基础的产物罢了。身体之所以成为课程空间的焦点,与其说是因为出于对身体自身的关切,毋宁说是因为在整体的社会结构中,身体具有种种不同面向的工具价值,从而联结着民族兴衰和国家命运。而催动个体主动实现这一工具价值,将自身纳入民族国家建构进程之中的,则是以身体欲望的满足为核心的个体"自由"与"快乐"的标榜。之所以称之为"标榜",是因为:"一方面,当代社会解放了身体的束缚和遮蔽,给身体展露改造自由和交往带来了新的自由;另一方面,身体'美学化'标准的合法化和普遍化,又不可避免导致了对身体的压制和暴力。"[①]身体美学的标准化和普遍化运作,当然也是因为现代社会在根本上深植于理性的基底之上,知识以真理的面目造就了现代社会的共同基础。

为此,对置于现代社会及现代课程空间中的"身体"而言,问题的根本固然不在于以拒绝的姿态面对作为"真理"的现代知识,而在于作为个体的"身体"是以何种姿态面对作为"真理"的现代知识,或者说是以什么方式和途径达至真理的问题。现代课程的一个重要问题在于,我们过于习惯接受知识的真理面目,以至于先验地认定知识的个体发展价值,而未能审慎地辨识知识追求的可能风险。在古希腊雅典的一则名为《普罗塔戈拉》的教育故事中,面对一位年轻人心急火燎地请成年人带他去拜见贵宾,以使自己变得有智慧的要求,成年人的告诫是:"人的灵魂比身体有更高的价值,不可轻率地将自己的灵魂托付给人。他讥嘲智者实为兜售冒称可滋养灵魂的知识的商贩,说他们奔走于各城邦批发或零售各种门类的知识,却并不知道他们兜售的货色对灵魂究竟是有益还是有害;所以购买他们的知识实在是冒险,因为知识不像其他货物那样可以先打开来品试一番,只要灵魂接受了它造成后果便无可挽回。"[②]正因为此,在苏格拉底的教育实践中,知识被还原为生动对话的展开过程,以爱智慧的姿态开启个体转向人生智慧之境。这提示我们,在现代社会的课程空间中,个体不可避免地需要面

① 汪民安:《身体的文化政治学》,河南大学出版社,2004,第144页。

② 汪子嵩、范明生、陈村富、姚介厚:《希腊哲学史(第二卷)》,人民出版社,1993,第464页。

对作为真理的现代知识，而一旦先在赋予知识以绝对价值，将意味着个体面对知识时，必然地只能以接受的姿态而使自身成为知识钳制的对象。一种可行的做法是通过对真理的“问题化”处理，运用自己的思想自由，对真理的形成及其扩散过程做出质疑，从而在“过程—理解”与“对话—协商”中将个体从工具化课程的文化逻辑中解脱出来，使自身摆脱现有真理话语体系的约束，进入自由驾驭自身的游戏境界。

知识的“问题化”处理，意味着进入课程中的知识既不是真理意义上的绝对真值的命题符号体系，又不是社会政治文化意义上的官方知识。知识不过是“随着我们的创造性参与而正在形成的东西……是活动或实践过程的集合”①，知识的形成不仅有其特定的地方性情境，有其作为知识的“具体条件”，而且还必然连带性地与知识构造者的社会位置、权力策略等息息相关。由此，当个体面对进入课程中的知识时，与其说是要通过一系列作用于身体的规训，获得这些知识本身，还不如说是使个体获得致力于知识价值发现与辩护的能力与兴趣。换言之，如何基于知识的“问题化”处理，在个体不断朝向知识的探求中促使个体智慧增长，从而实现对于自我的关怀，是个体消解现代课程空间中的身体工具化面向，走向美学实践的基本路径。

二、身体的“基础性”

对知识进行“问题化”处理的目的是将主体从现代课程所筹划的认识活动范围中解脱出来，从而使人的身体能够挣脱以理性为基础的现代文的束缚，真正地朝向“关怀自身”实践个体的生存美学。为此，自身，亦即以自在状态而存在的独立身体，事实上构成了个体生命活动和生存实践的出发点。

以身体作为个体在课程空间中审美化存在的起点，首先意味着要彰显个体身体感官的课程意蕴。怀特海（Alfred North Whitehead）在《教育的目的》开篇指出：“文化是思想活动，是对美和高尚情感的接受。支离破碎的信息或知识与文化毫不相干。一个人仅仅见多识广，他不过是这个世界上最无用而令人讨厌的人。”②课程的根本意蕴在于以文化人，目的在于通过文化激励人们对美好事物的感受和欲求。而这种感受和欲求，事实上又是

① 盛晓明：《地方性知识的构造》，《哲学研究》2000年第12期。

② [德]怀特海：《教育的目的》，徐汝舟译，生活·读书·新知三联书店，2002，第1页。

以身体为基础的,或者更准确地说,是以身体外在的感受力和对于世界的审美性感知为基础的。“教育就其本源而言,是身体性的、感知性的、审美性的。反过来,唯有充分地激活基于身体的个体与周遭世界的直接联系,这种教育才可能是审美的。”[①]这是因为,相较于认知性的审美感知,以身体感知为基础的个体对于世界的审美性感知更具本性,呈现的是自我生命的意向姿态。为此,一种以个体生存美学为目的的课程筹划,不仅要思考个体以何种生命姿态进入知识学习的问题,更要思考在课程空间中如何筹划知识的序列,亦即如何筹划身体活动的序列问题。为此,将人类原初性的生存方式——劳动,置于个体发展的基础性结构之中,其意义当然并不限于个体劳动技能的增长,更是使个体能够朝向初民精神的通道,从而超越现代课程空间对于身体的工具化改造。

以身体作为个体在课程空间中审美化存在的起点,还意味着身体要善于聆听和领会源于精神世界的内在欲求。人的审美情感和意识的发生,从本质上来说是身体性的,或者说是身体的审美需要及其快感得到满足的产物、延伸与变形。为此,能否将身体锻炼为既保持宁静又富有活力的状态,并以此为基础,始于自身又超越自身地实现爱欲的生长与转向,乃是个体审美化存在的关键。为此,一方面,要通过身体快感的享用建立个体对于美好事物的基本意向;另一方面,则要通过有价值的交往实现这种美好意向的转向与上升。色诺芬笔下,曾有过关于苏格拉底引导个体身体爱欲上升的教育案例[②]:

安提丰,正如别人所欢喜的是一匹好马、一条狗或一只鸟一样,在更大的程度上我所欢喜的乃是有价值的朋友;而且,如果我知道什么好的事情,我就传授给他们,并把他们介绍给我所认为会使他们在德行方面有所增长的任何其他教师。贤明的古人在他们所著的书中遗留下来的宝贵的遗产,我也和他们共同研讨探索,如果我们从古人的书中发现什么好的东西,我们就把它摘录出来,我们把能够这样彼此帮助看为是极大的收获。

苏格拉底教育实践的根本目的在于爱智慧,而通达爱智慧的起点则始自身体的爱欲,进而转向对于身体周遭事物的爱欲,对于有价值的朋友和有价值的典籍的选择性的爱欲。这提示我们,在现代社会构建的课程空间中,既需要将身体感受与体验、身体对于事物的爱欲作为课程构建的基点,

① 刘铁芳:《追寻生命的整全:个体成人的教育哲学阐释》,高等教育出版社,2017,第159页。

② 〔古希腊〕色诺芬:《回忆苏格拉底》,吴永泉译,商务印书馆,1984,第37页。

又需要通过必要的交往、对话，促使个体从对于身体的爱欲转向美的事物，进而上升为对理念意义上纯粹的美好本身的爱。无独有偶，在郭店竹简中的“性自命出”章中，也有类似于苏格拉底式教育实践的阐述：道始于情，情生于性。始者近情，终者近义。知情者能出之，知义者能内(入)之。[①]可见，即使个体发展以“义”为终极旨归，但依然要肯定始于性的“情”的初始意义。为此，在中国传统教育中，“乐教”与“礼教”各司其职，感其心志，规导行为，构成了教育实践的基本形式。如何基于个体身体自身的愉快体验与感受，使个体能够朝向美好的事物(或文化)敞开自我生命，实现教化之道，固然是传统教育遗留的启示，却也是现代课程发展遗忘了的根基性问题。

表面上看，现代课程发展依然突出身体的“基础性”地位，但身体更多是权力意志下的政治学躯体或经济学躯体。为此，自1918年博比特(John Franklin Bobbitt)开启课程论这一研究领域以来，课程对于身体予以关注的基本逻辑无非是将其塑造为适应未来社会生活的躯体。博比特对人类经验领域审视之后所得出的十大经验领域：语言活动、健康活动、公民活动、一般社交活动、休闲娱乐活动、心理健康活动、宗教活动、家庭活动、非职业性的实际活动和职业活动，当然都是紧紧围绕身体而展开的，但身体的意义却只限于有待塑造的对象，而丧失了它自身内在的爱欲及由此形成的意向。正因为此，现代课程的发展中才呈现两种看似不同，却紧密相关的身体想象：一种是身体的工具化想象，另一种则是身体的欲望化构建。后者所提供的正是当个体身体成为工具化存在时，何以能够“朝向”人类历史文化的动机与力量。但相比较于内在于身体的、自然的愉快的体验及其满足，欲望显然有着关于身体“缺乏什么”或“受压抑”的状态，更可能导致身体在课程空间中愈发不自由的状态，而非导向个体风格的生存美学实践。或正因此，即便现代课程努力倡导个体的兴趣、爱好，依然无法扭转不同个体在课程空间中共享近乎相同的生存方式的趋同现象，大约正是源于以身体欲望的满足为基础的兴趣、爱好并未真正确立身体的基础性地位。由此带来的后果，自然是作为个体在世的“唯一的”身体的消逝和课程空间中个体生存美学实践的遮蔽。

---

① 刘剑：《郭店楚简校释》，福建人民出版社，2003，第92页。

三、交往的"游戏化"

当课程空间中的知识经由"问题化"的策略而消解其"真理"属性,身体经由"基础性"的位置而彰显其自身愉快体验的奠基意义,可能导向的结果或是个体走向封闭的自我禁锢,或是以"自我"为中心的唯我独尊。这当然不是关怀自身的生存美学的本义所在。关怀自身的生存美学,是要在人人关怀自身的基础上,"巧妙地和艺术地处理与他人的关系,并由此出发使自身的生活方式能够在充满他人包围的社会中顺利实现"①。为此,个体在课程空间中以关怀自身为宗旨的生存美学实践,就必然地需要回应如何交往这一涉及自身与他人的关系问题。

以个体关怀自身为旨趣的生存美学实践,所应对的是现代课程对于身体工具化的处理方式。关怀自身理所当然地意味着源于个体身体的审美快感可以得到自然的、充分的彰显,但这绝不意味着对于身体愉快体验的无节制的放纵。准确地说,它既是对身体愉快体验的关怀,同时也是关于身体愉快体验的自然节制。这种既关怀又节制的艺术和技巧的形成,离不开个体在课程空间中展开的具体生活实践,尤其是自身与他人充满"游戏性"的交往实践。之所以提出交往实践的"游戏性",是因为在游戏中"有某种超出了直接生活需要并将意义赋予的东西在运作"②,这里的"东西"实质上就是游戏带给人的快感,或者是精神乐趣。由此产生的力量是巨大的,游戏总意味着与日常生活的相互隔离,但恰恰是这种隔离之后"假装"的"场",能够将参与者引入其内,以物我两忘的自由、专注,依据一定的游戏规则进行体验、想象与创造。在这一意义上,交往的"游戏性"即是交往的审美性,是人与人之间在超越真善的"美"的层次上相融共生的精神实践。

倡导课程空间中个体之间交往的"游戏性",当然并不是因为课程空间中交往的缺乏。毕竟,交往确然构成了教育的起源,课程领域当然也不例外。在1923年课程改革中,当一切进入课程领域的知识都需要诉诸科学知识型,需要在知识与对象一一对应的"表象"关系中获得正当性确证,在知识与个体之间以经验的方式加以获取,在知识与社会的效用关系中得到证明,事实上意味着课程空间中的交往,将因为始终指向一个知识所表征的"对象",从而使交往成为主体—客体之间的对象化交往;也因为知识与个体之间建立起的经验的获取方式,感官的确切性替代了思想的深刻性,从而使交往双方处于事实上的虚置;还因为知识与社会之间的效用化关

---

① 高宣扬:《福柯的生存美学》,中国人民大学出版社,2015,第430页。

② [荷]胡伊青加:《人:游戏者》,成穷译,贵州人民出版社,2007,第2页。

系，使课程空间中的交往始终难以摆脱功利化的气息。当这一知识型沿袭至当下的课程空间，纵然我们倡导课程空间中主体之间的真实交往，但交往依然难以摆脱其被异化的命运。正因为此，在我国新一轮基础教育课程改革中，“对话”这一具有生动意蕴的课程实施方式，因其技术主义取向，而在“虚假对话”中“徒具对话教学的形式，依然坚持并奉行独白、灌输教学的价值取向”，在“僵化对话”中“把对话教学的形式进一步肢解、组合成为一套僵化的操作程序”，在“空洞对话”中，“忽视了对话教学的认知内涵和探究实质，终致对话教学疲乏无力、流于形式”[①]。可见，致力于身体工具化纾解之道，并不在于简单地倡导课程空间中的交往，而在于何种意义上的交往。

交往的“游戏化”意味着课程即交往，或者说课程的意义正在于促成游戏化的交往。为此，课程既要个体身体以源于“美”的求乐本能为起点，促使个体进入游戏化交往的境域之中，实现个体发展内在动力的培育，又要以审美精神实践的丰富性与关联性，实现个体对于游戏之审美的超越，从而使人成为创造历史文化的主体。具体而言，交往的“游戏化”对于课程的提示在于：其一，在课程与自身的关系上，始终以“非对象化”的态度实现关怀自身的生存美学实践。“非对象化”意味着作为课程中的人及其身体，并不是课程所代表的文化力量所要作用的客体。相反的是，课程正是个体以身体的愉悦感受进入游戏化交往境域，在自由与规则的张力之中生成着的东西，其根本目的在于实现个体身体“向美而生”的自然成长。其二，在自身与他人、世界、历史及文化的关系上，始终以“向内看”的方式实现对于自我的关注。这意味着在交往的“游戏化”中，自身并不是相对他者的客体，交往的意义在于通过由外向内的转向，实现自身思想修养的净化和沉思，从而能够实现对外在事物和他人的现象直观和精确把握。胡塞尔所言的“纯粹”，海德格尔的“此在”，以及老子的“为道日损”与“涤除玄览”，庄子的“逍遥游”，正是此一审美状态及达成途径的具体勾勒。其三，在自身与自身的关系上，交往的“游戏化”意味着自身的责任承担和对自身的净化改造行动实践。为此，课程的意义当然不限于自身愉快体验的激活，还在于理智的开启和对话的提升。理智的开启意味着以自身愉快体验为基础的游戏开展及其获得的丰富经验能够相互关联、成为具有逻辑的精确的严密体系；对话的提升意味着自身能够开诚布公地将自己的生活行动实践进行公开论证和检验，它既意味着行动，更意味着行动的审慎。

① 张华：《反思对话教学的技术主义倾向》，《教育发展研究》2011年第20期。

如果说现代意义上的课程是在“学科—儿童—社会”三个基点之间寻求平衡，且因为“儿童”被置于整个图景的正中央而事实上虚置，如同龙卷风的“风眼”或漩涡的“中心”那般，因为“知识”与“权力”的共谋以及学科与社会的同构，个体始终难以摆脱身体工具化的命运。那么，以关怀自身的生存美学实践为根本追求的课程发展路向，则意在构建“身体—知识—社会”间的基本序列。身体的愉快体验作为个体课程生活开启的根本起点和动力源泉，经由知识的“问题化”处理，始终保有个体朝向知识学习的生命姿态，亦即追求智慧的生命姿态，完成于个体与他人的“游戏化”交往之中，从而实现关怀自身的生存美学实践。毕竟，在真善美之中，“只有‘美’不需要后天的教育和规范”①。

① 周文杰：《游戏、审美与精神家园》，《哲学研究》2011年第9期。

结论与反思

在对近代中国社会课程空间中不同话语做出上述探讨的基础上，笔者将尝试对研究之初所提出的两个问题做出回应：一是在哲学的层面上，回应“什么构成了课程改革，课程改革意味着什么”这一基本问题；二是在历史的层面上，回应“现代中国课程”包含着“怎样的历史认同与建构，其认同与建构的依据是什么”。

一、课程改革作为话语实践

从话语的角度来审视有关课程的言说，意味着任何有关课程的言说都有着意欲实现的文化目的，也因此都蕴含着文化的力量。在这一意义上来说，任何有关课程的言说，都具有双重意义：它一方面基于新的话语言说规则，以不同的视角、想象与教化意志，在其话语的言说中，表达、建构着其意欲形塑的“身体”形象，另一方面，它也表达着对于现实“身体”，以及维系这一“身体”图景的种种权力制度关系的不满。课程改革作为一种话语实践，就是作为课程改革的知识总体在特定的历史情境中获得生成、建构与认同，进而凭借制度化的形式获得流通，以发挥实践功能的过程。基于此，本书认为：

（一）从话语实践的角度来看，知识型的断裂、社会规范模式的变化和话语共同体共同构成了课程改革

首先，知识型作为一个特定历史时期话语言说的支配性规则，其断裂意味着话语言说规则的变革，也意味着新的知识形式能够以“合法的”姿态进入课程，从而形成不同于“传统”的课程话语言说。无可否认，就支配1923年课程改革话语言说的科学知识型而言，其作为对传统理学知识型的结构性替代，二者之间有着明显的延续。如科学知识型被赋予的道德实践功能，以及科学知识作为对于自然、社会与人生领域的绝对“真理”性认识所具有的“形上”意蕴，都与理学知识型之间存在内在同构性。然而，1923年课程改革相关论述所呈现的与“传统”课程的不同面貌，更是因为科学知识型与理学知识型之间存在着某种断裂。一方面，就近代中国具有实证倾向的科学知识的生产与获取方式来说，它肯定了身体经验在求知过程中的积极意义，科学认识的发生，离不开身体积极主动的活动，在这一意义上，在理学知识型中被贬抑的身体确立了其在认知过程中的价值与地位，从而使1923年课程改革呈现了不同的样貌，如所谓的“儿童本位”；另

一方面，诚如舍勒所指出的，科学知识的“优越性”本只是崇拜物质利益、寻求对外部世界进行超强控制的资本主义社会将其“擢升”的结果。虽然近代中国尊崇“科学知识”的深层原因与民族危亡和强国求富的时局相关，并不完全等同于舍勒所陈述的理由，但就科学知识所具有的世俗意义来说，二者显然又是共通的。而恰恰是在科学知识所承诺的经济发展、社会进步等世俗性价值上，内在于身体结构中的“身体欲望”获得了承认，并在某种意义上成为1923年课程改革相关论述的一个基点。在上述意义上，知识型的断裂构成了一种新的课程话语得以被言说的前提性条件，它是课程改革得以发生的前提条件。

其次，知识型的断裂并不是一个自发与自然的过程，它需要一定的社会动力与社会条件。通过对1923年课程改革话语的生成过程进行考察，本书认为，经济进程及其活动，政治文化事件所引发的社会规范模式变化，从根本上为知识型的断裂乃至课程改革的发生提供了动力机制。针对1923年课程改革的研究表明，资本主义经济的发展引发对具有“生产性”的身体的需要，并因此引发了具有压抑性的死亡权力向具有生产性的生命权力的转变。而政治场域的辛亥革命以及此后的新文化运动，分别从政治体制与伦理道德层面颠覆了“帝国”的构造，并在“民族—国家”的建构中引发了关于“公民”的身体想象。显然，无论是经济过程中具有“生产性”的身体想象，又或是政治事件引发的“公民”身体想象，都意味着社会规范模式需要发生某种转变。在这一意义上，知识型的断裂既为社会规范模式的转变提供了先决条件，也同样是社会规范模式转变的最终结果。据此，我们认为，以知识型断裂为前提条件的课程改革与社会规范模式之间存在着密切的联系。在课程改革的过程中，一方面，就课程作为知识的选择与组织而言，进入学校课程中的知识及其形式，表达着有关身体活动的本质，并将其予以分类，因而具有组织及形塑“身体”的效应；另一方面，就课程作为求知的过程而言，种种有关求知过程的言说实际上与社会规范的问题息息相关。在一种生产性权力理解面向的支配下，有关求知过程的种种言说显然更加侧重于权力技艺下的自我管理。在这一理解的基础上，本书认为，知识型的断裂以及课程改革的发生，在根本上是源自社会规范模式转变的需要。

再次，任何课程话语的生成与建构，都离不开言说主体，这意味着话语共同体的形成在主体构成上使课程改革能够成为可能。从话语实践的角度来看待课程话语的言说，虽然它将意味着“倾听多种声音”变得可能，但是一种课程话语所具有的实践功能的发挥，首先却是因为这一课程话语的言说是在特定知识型的支配下产生的。在这一意义上来说，这里的言说主体显然更具有“共同体”的性质。对此，库恩（Thomas Kuhn）曾指出：“以共同范式为基础进行研究的人，都承诺同样的规则和标准从事科学实践。科学实践所产生的这种承诺和明显的一致是常规科学的先决条件，亦即一个特定研究传统的发生与延续的先决条件。”[①]虽然库恩所谓的“范式”是为共同体所确知且共享的，而“知识型”是一种“匿名的”规则，但是就课程话语的言说而言，无论是确知的“范式”，又或是以“匿名”形式存在而发挥作用的话语言说规则，都意味着在话语的形成过程中存在着一个话语共同体。对此，1923年课程改革话语的言说也不例外。课程标准起草委员会及其成员构成，在实质上是作为一个科学话语共同体而存在的。这种以科学话语共同体为特征的言说主体，不仅使得1923年课程改革的相关论述在其话语构成及陈述方式等方面具有较为一致的特征，也从根本决定了1923年课程改革话语获得认同，进而在课程空间中发挥其实践功能的可能性。当然，需要指出的是，由于知识型是一种“匿名的”规则，因此，作为课程改革主体而存在的课程研究者或是知识分子，究竟能够在多大程度上享有自由、理性与自觉，成为课程改革的“主体”，显然是一个有待考量的问题。至少，在后结构主义教育的理论视野中，对这一问题所持的态度似乎并不乐观，以至于会常常受到分析上的“虚无主义”的批评。

（二）就“课程改革意味着什么”而言，本书认为，课程改革是社会历史情境中的一种课程话语建构

其一，任何课程改革话语的言说都蕴含着“权力—知识”关系，权力通过话语而进入个体的知识库存，从而建构了主体的行动意义。在课程改革中，作为话语主体的言说并非其绝对意识的呈现，而是有着权力关系的制约。因此，一种有关课程改革的言说，并不是绝对的真理性知识，也并不必然有着历史的延续，而总是有着社会历史的境遇性。我们诚然不必如福柯那般否定“主体”的存在，但对课程话语言说的研究者或是知识分子而言，谨慎考量其对于自身命运及周遭环境的控制能力，对自己做出相对合理的定位，避免因为“理性的膨胀”而导致“理性的自负”，通过对自身思想言行做出必要的追问及否定，也许更有可能使课程走上良性发展的道路。对此，1923年课程改革话语言说以及科学作为一种主义所造成的课程发展的偏狭显然已经昭示了这一点。

其二，课程改革的发生，不过只是课程话语言说规则及社会规训形态

① [美]托马斯·库恩：《科学革命的结构》，金吾伦、胡新和译，北京大学出版社，2012年，第9—10页。

改变的双重结果而已，因此，从身体的角度来审视，课程改革意味着话语言说规则的断裂，以及身体规训方式与技艺的改变，而并不寓意着必然的解放。诚然，我们并不否认1923年课程改革所具有的社会政治经济功能，但如果仅就身体在课程话语构筑的空间中所展现出的命运来说，身体虽然从理学知识型中被压抑而长久处于沉默的状态中获得了“解放”，却又在科学知识型所支配的话语言说中因其“工具性”发展面向而陷入了新的“奴役”之中。当然，作为悬挂在文化之网上的身体来说，完全脱离社会文化的“边框”既不可能，也不现实。因此，对于课程改革此重“意味”的提起，并不意味着对课程及其工具性面向的否认，其切实的意义更在于提醒我们对课程发展的工具性面向保持必要的警醒，避免在盲目的乐观中忘却了对于课程空间中身体状况的真实感知。

二、现代中国课程：现代性与“民族—国家”的双重建构

本书认为，在近代中国诸多的课程改革之中，之所以将1923年课程改革作为“近代中国课程”的“充分发展的现实状态”来加以阐释，与其说是基于历史分期的考量，毋宁说是因为1923年课程较为充分地体现了“近代中国课程”的“现代性”因素。透过对1923年课程改革话语的分析，“现代中国课程”中包含着双重历史建构与认同：从“近代”的含义上来说，它包含对于课程现代性的建构；从“中国”的含义上来说，它又包含了“民族－国家”的建构面向。这一在欧洲社会相对同步的双重建构，在近代中国的特殊语境中会遭遇怎样的现实，又会对其后的课程发展形成怎样的影响，恰恰是本书意欲关注的基本问题。

第一，透过1923年课程改革话语的相关言说，近代中国课程中明显地蕴含着现代性的认同与建构。对此，我们不妨从有关现代性的基本理解入手来对这一问题做出阐释。虽然有关“现代性”的理解众说纷纭，但就其核心理念来说，理性、主体性与世俗性构成了现代性的基本面向。

首先，就作为现代性核心理念的理性来说，“抽象还原、定量计算、准确预测和有效控制”[①]是它所遵循的基本逻辑。在这一理解上，韦伯所认为的作为一种“参与者能够从观察者的视野预测或计算它”的“技术”正是通达“合理性”的基本手段。正因为此，作为现代性核心理念的“理性”实质上是一种“技术理性”，“控制”是其基本的兴趣所在。就此而论，1923年课程改

① 于伟：《教育观的现代性危机与新路径初探》，《教育研究》2005年第3期。

革话语的言说显然具备这一特征。从1923年课程改革话语的形成历程来看，无论是其课程目标的拟定中所展现的“科学性”，还是课程内容上科学知识所构成的完备的知识谱系，以及在课程内容的陈述中科学知识所表现出的确定性，又或者是课程评价上采用“最低限度的标准”及与之配套的各种测验，均与“技术理性”的基本倾向有着一致性。

其次，在1923年课程改革话语的言说中，受科学知识型的支配，身体得以从传统理学知识型的压抑中获得解放，确立了其在求知过程中所具有的“主体”地位，而在其课程话语的言说中，意图通过一个“自治”的身体来实现其所预设的种种“身体”想象，显然是对人的自我完善与自我发展的肯定。在这一意义上，1923年课程改革话语的言说有着鲜明的“主体性”特征。

再次，1923年课程改革话语的言说从两个方面肯定了身体的世俗意义：一是在经济欲望的面向上，肯定了身体对于经济进程与活动所具有的价值，在此意义上，形成了“用知识”的身体想象；二是在情感欲望上，肯定了身体在求知活动中的情感体验，致力于形成一个“享乐”的身体想象。这种对于世俗欲望的肯定，表征着1923年课程改革话语言说的世俗性特征。

综上所述，以1923年课程改革话语为“完成形态”的近代中国课程，表达了其朝向课程现代性建构的努力。这种努力同样地体现为科学知识型在课程话语言说中支配地位的确立。

第二，就1923年课程改革话语的言说及其形成历程来看，近代中国课程同样包含了“民族—国家”的认同与建构。所谓的“民族—国家”，是指“建立在民族地域、民族经济、民族文化基础上，成为民族共同体，代表了民族利益”[①]的民族共同体。有必要指出，中国传统社会的“帝国王朝”，由于受华夏中心主义世界观的支配，并未形成民族国家的观念。近代社会中“民族—国家”的建构是自晚清帝国在西方列强的炮火中发现了世界，进而追求民族独立而开启的。“民族—国家”的核心理念为民族主义，在近代中国的语境中，这一理念集中体现为救亡图存。对此，我们通过科学在近代中国课程话语言说被赋予的功能，就可以发现近代中国课程是如何致力于“民族—国家”的认同与建构的。无论是“中体西用”的课程话语，还是“艺本政末”的课程话语，又或是于“五四”新文化运动高举“科学精神”之后的1923年课程改革话语，虽然科学在课程改革话语中有着道德实践功能的赋予及对于人生观的意义，但显然并没有被赋予个体启蒙的价值与功能。

① 杨春时：《现代性与现代民族国家在中国的断裂和复合》，《学术月刊》2001年第1期。

在1923年课程改革话语中,无论是“尽责”的身体想象,还是“用知识”的身体想象,所联结的都是“民族—国家”构建的政治经济需要,而无关个体启蒙的“精神自由”。甚至当时光流转至1929年,“三民主义教育思想”更是以其立足于传统文化的传承与创新,而顺理成章地成为课程改革的指导思想。因此,在这一意义上,我们或许更能理解“救亡压倒启蒙”背后蕴含的“现代性”与“民族－国家”在近代中国语境中因断裂、错位而产生的背离。也正因为这种“背离”,在受科学知识型支配而发生的1923年课程改革话语中,身体竟然会呈现出那样明显的工具化倾向。

在上述意义上,本书认为,肇始自近代中国的课程现代性建构,因其与“民族国家”建构的断裂、错位而发生的背离,至今依然是一个未竟的状态。这种未完成的状态,可能并不仅仅是因为“现代性”与“民族国家”之间的单一张力,更可能会实际地“处在本土与西洋、历史与现实、乡村与城市、国家与地方等多重张力的网络结构之中”。因此,在中国语境中,“现代性尚未作为一种主导性文化模式和文化精神全方位地渗透到社会运行和个体生存中”[①]显然并不是浮夸之词。然而,恰恰是因为现代性在中国尚未“扎根”,而课程研究中又充斥着浓郁的“后现代气息”(无疑,本书也不可避免地受到这种后现代气息的影响),因此,1923年课程改革话语的言说中所开启的身体工具性才可能在两个方面构成危险,并需要我们加以警惕:其一,在现代性的维度上,我们固然需要培育、发展课程研究的理性,也需要坚持课程的目的性与工具性,但这种坚守与发展的“限度”在哪里,如何在理性与非理性、工具性与人文性之间形成有效的张力,可能是不得不思考的问题;其二,在一个现代性尚未“扎根”的社会中,当我们运用后现代思想对现代性加以解构时,后现代思想中所蕴含的种种潜在危险,可能会因其缺乏“现代性”的反制约而被放大,而使身体在诸多“非理性”的言说中成为无所寄托的浮萍而走向虚无。这显然也是需要我们予以警惕的。

三、课程历史研究的可能路向

有必要指出,上述的研究结论,只是有关1923年课程改革的一种阐释与理解。这一阐释的价值与其说在于结论本身,倒不如说是这一阐释给出了理解课程改革的视角与方法。因此,如果一定要赋予这样的一个课程史研究以现实的“功用”,笔者更情愿这种功用是在思维与方法层面。在当前

① 衣俊卿:《现代性的维度及其当代命运》,《中国社会科学》2004年第4期。

的课程改革中，对课程研究者的角色与地位做出合理定位，追问“当下的历史”(the history of the present)，并对“碎片化”思维下的课程研究加以关注，可能尤为迫切。

其一，任何课程改革的发生总意味着一些“新”事物的出现。我国于世纪之交进行的新一轮基础教育课程改革概莫能外。新一轮基础教育课程改革所倡导的诸多新理念、新策略与新方法，已经随着改革的持续深化和不断推进而成了课程与教学中的“常规”，成了当下的“真”。然而，从基于一种谱系学立场的课程史研究来看，对于这些人们已经习以为常的“真”的观念，我们或许还有必要从发生的意义上对其加以追问：即这些所谓的理念、策略与方法，是在何种历史情境下，在怎样的政治、经济与文化事件的交织中得以被言说的。无论是课程改革中的所谓的学生主体、综合课程、兴趣与经验，还是建构的学习、三级课程管理与发展性的课程评价，面对这些已经成为课程教学理论和实践中的普遍表达，追问当下的历史(the history of the present)，就是要通过一种历史的考察，以一种“何以可能”式的追问，去展现这些观念是如何在我国学校教育中历史地形成的，其背后涉及了怎样的社会力量关系。这一追问的意义在于，一方面，它有助于避免我们在“新”与“进步”之间简单地画上等号。毕竟，任何以“新”代“旧”式的改革，都意味着代价的付出，也意味着风险的承担，谨慎看待各种“新”事物的进步意义，并不是对改革的否定与拒斥，而是倡导有限理性主义的课程改革；另一方面，由于课程改革中的各种“新”的观念都有其历史建构性，有着背后的权力关系承载，因此，一种“新”的观念的发生，同时也意味着其他不同声音陷入沉寂。追问“当下的历史”，或许正可以让这些在历史进程中陷入沉默的声音讲话，从而增添课程教学理解的可能性。

其二，与上述问题相关，对“当下的历史”的追问，需要在课程研究中引入“碎片化”(fragmentation)思维。形象地说，所谓的“碎片化”思维，就是玻璃破碎之后，事物整体不再是如前所见的样子。在这一意义上，“碎片化”思维就是一种“陌生化”与“去常规化”的思维方式。这种思维方式与福柯的“谱系学”主张显然是一脉相承的。借用波普基维茨(Thomas Popkewitz)的话来说，“碎片化”就是“对我们所认为的那些常规化的观念或社会生活方式进行重新思考，即：停下来想一想，这些所谓的理所当然的观念也许并不是天生就合理合法的，它们究竟是如何历史地形成的呢？”[①]毋庸讳言，在课程改革的研究中，我们总有很多共同的信念与假定，也正是这些共同信

---

① 赵婧：《“碎片化”思维与教育研究——托马斯·波克维茨教授访谈录》，《全球教育展望》2012年第10期。

念使得有关课程的对话与交流成为可能,奠定了课程研究开展的基础。然而,从根本上来说,"碎片化"的思维方式正是要对这些"集体无意识"的常规认识加以挑战。无论是在较为宏观意义上的改革与进步之间的线性联系,还是在较为微观层面上,诸如接受学习意味着被动,建构式学习意味着主动的认识,都可能需要我们以一种"陌生化"与"去常规化"的眼光重新加以打量。当然,需要指出的是,虽然"碎片化"思维意味着对我们认定的种种"常识"进行反思,但并不必然是否定,而是寻求对于种种"共识"的多种理解。

其三,合理定位课程研究者的角色与地位。随着课程改革的不断深化和课程研究的勃兴,课程研究者的地位也获得了不断提升。但一方面,课程改革作为话语实践,从根本上来说是社会规范模式转变的结果,权力借由话语而进入个体知识库存,进而建构形塑了个体的行动意义,这一规则性质要求课程研究者对相关课程话语的言说能够保持必要的反思与批判意识;另一方面,课程话语背后所蕴含的"匿名的规则"提醒我们有必要关注理性背后之理性(the reason of the reason),也同样警示课程研究者谨慎看待自己所拥有的理性及自主性,避免过度膨胀自己在课程及教育改革中的优势地位。但事实上,深植于技术理性传统的课程研究,却总习惯于在"必须""应当"之类的表述中传递着课程研究者的优越与权威,而使课程研究的理论品性显得缺乏。针对于此,本书主张,课程研究者的角色或许并不在于指导他人应该做什么,也不在于塑造他人的意志,而是作为知识分子,对那些被认为理所当然的知识与主张加以分析与质疑。以一种知识分子的角色和定位来对自我、权威和社会既定的秩序与规则加以检视与挑战,或许并不能马上获得问题解决的方案,却势必有助于寻求到更多有关课程发展的可能性。这不仅有助于避免课程研究中"过度的简约与表面化"①,提升课程研究的理性品性,使课程研究真正地出思想、出观念、出理论,更可以使课程研究能切实地面对课程改革和学校场域的复杂性,丰富学校教育和课程发展的不同路向。

---

① 张楚廷:《教育研究中一个难以无视的问题——教育学最好少说"必须"、"应当"之类》,《教育研究》2010年第2期。

参考文献

专著类

[1]Drefus, H.et al,1983. Michel Foucault: Beyond Structuralism and Hermeneutics, Chicago: The University of Chicago.

[2]Herbert . M. Kriebard, 2004. The Struggle for American Curriculum: 1893-1958 ,New York: Routledge Falmer.

[3]John Brannigan,1988: New Historicism and Cultural Materialism, New York: St. Martin Press.

[4]Paulo Freire,1973:Pedagogy of the Oppressed,New York: Seabury Press.

[5]Thomas Popkewitz.et al,2001: Cultural History and Education, New York: Routledge.

[6][德]黑格尔:《哲学史讲演录》,贺麟、王太庆译,商务印书馆,2011。

[7][英]怀特海:《教育的目的》,徐汝舟译,生活·读书·新知三联书店,2002。

[8][德]马克斯·韦伯:《儒教与道教》,王容芬译,商务印书馆,1995。

[9][德]舍勒:《舍勒选集·下》,刘小枫选编,上海三联书店,1999。

[10][美]柯文:《在中国发现历史——中国中心观在美国的兴起》,林同奇译,中华书局,2002。

[11][法]米歇尔·福柯:《必须保卫社会》,钱翰译,上海人民出版社,1999。

[12][法]米歇尔·福柯:《词与物:人文科学考古学》,莫伟民译,上海三联书店,2002。

[13][法]米歇尔·福柯:《临床医学的诞生》,刘北成译,译林出版社,2001。

[14][法]米歇尔·福柯:《性经验史》,余碧平译,上海人民出版社,2005。

[15][法]米歇尔·福柯:《知识考古学》,董树宝译,生活·读书·新知三联书店,2021。

[16][美]米歇尔·福柯:《规训与惩罚:监狱的诞生》,刘北成、杨远婴译,生活·读书·新知三联书店,2007。

[17][法]皮埃尔·布迪厄、[美]华康德:《实践与反思:反思社会学导引》,李猛、李康译,中央编译出版社,1998。

[18][古希腊]色诺芬:《回忆苏格拉底》,吴永泉译,商务印书馆,1984。

[19][荷]约翰·胡伊青加:《人:游戏者》,成穷译,贵州人民出版社,2019。

[20][美]L·德赖弗斯、保罗·拉比诺:《超越结构主义与解释学》,张建超、张静译,光明日报出版社,1992。

[21][美]Thomas S. Popkewitz:《教育改革的政治社会学:教学、师资培育及研究的权力/知识》,薛晓华译,巨流图书股份有限公司,2007。

[22][美]艾尔曼:《从理学到朴学:中华帝国晚期思想与社会变化面面观》,赵刚译,江苏人民出版社,2018。

[23][美]本杰明·艾尔曼:《中国近代科学的文化史》,王红霞等译,上海古籍出版社,2009。

[24][美]本杰明·史华兹:《寻求富强:严复与西方》,叶凤美译,江苏人民出版社,1996。

[25][美]华勒斯坦等:《学科·知识·权力》,刘健芝等编译,生活·读书·新知三联书店,1999。

[26][美]克利福德·格尔茨:《文化的解释》,韩莉译,译林出版社,1999。

[27][美]拉尔夫·泰勒:《课程与教学的基本原理》,施良方译,人民教育出版社,1994。

[28][美]派纳:《课程:走向新的身份》,陈时见等译,教育科学出版社,2008。

[29][美]塞缪尔·P.亨廷顿:《变化社会中的政治秩序》,王冠华等译,上海人民出版社,2021。

[30][美]托马斯·库恩:《科学革命的结构》,金吾伦、胡新和译,北京大学出版社,2003。

[31][美]周策纵:《五四运动:现代中国的思想革命》,周子平等译,江苏人民出版社,1996。

[32][英]卡尔·波普尔:《历史主义贫困论》,何林、赵平译,中国社会科学出版社,1998。

[33][英]罗素:《西方哲学史及其与从古代到现代的政治、社会情况的联系(下卷)》,何兆武、李约瑟译,《商务印书馆》,2011。

[34][英]诺曼·费尔克拉夫:《话语与社会变迁》,殷晓蓉译,华夏出版社,2003。

[35][美]刘禾:《跨语际实践——文学,民族文化与被译介的现代性(中国,1900-1937)》,宋伟杰等译,生活·读书·新知三联书店,2002。

[36]中共中央马克思恩格斯列宁斯大林著作编译局:《马克思恩格斯选集(第三卷)》,人民出版社,1995。

[37]程树德:《论语集释(全三册)》,中华书局,2017。

[38]孟珂:《孟子》,中国社会科学出版社,2003。

[39]李翰章:《曾文正公全集:文集(卷三)》,光绪五年传忠书局刻本。

[40]王韬:《格致书院课艺(第四册)》,上海图书集成印书局铅印本,光绪二十年。

[41]李鸿章:《李文忠公全集(第16卷)》,上海商务印书馆,1921。

[42]陈独秀:《独秀文存》,亚东图书馆,1922。

[43]张鸿英:《新学制与普通教育》,中华书局,1923。

[44]新学制课程标准起草委员会:《新学制课程标准纲要》,上海商务印书馆,1925。

[45]舒新城:《近代中国教育史料(第二册)》,上海中华书局,1928。

[46]王云五:《四库全书总目提要(二十四)》,商务印书馆,1931。

[47]中华民国教育部:《第一次中国教育年鉴(戊编)》,开明书店,1934。

[48]陆贽:《陆宣公全集》,世界书局,1936。

[49]王蘧常:《严几道年谱》,商务印书馆,1936。

[50]林志钧:《饮冰室合集(文集之十二)》,中华书局,1936。

[51]朱寿朋:《光绪朝东华录》,中华书局,1958。

[52]中国史学会:《洋务运动(五)》,上海人民出版社,1961。

[53]王树枏:《张文襄公(之洞)全集》,文海出版社,1970。

[54]中国社会科学院中华民国史组:《胡适往来书信选(上)》,中华书局,1979。

[55]陈学恂:《中国近代教育文选》,人民教育出版社,1983。

[56]高平叔:《蔡元培全集(第二卷)》,中华书局,1984。

[57]丁凤麟、王欣之:《薛福成选集》,上海人民出版社,1987。

[58]王栻:《严复集》,中华书局,1986。

[59]梁启超:《饮冰室合集》,中华书局,2015。

[60]鲁迅:《鲁迅全集(第四卷)》,人民文学出版社,2005。

[61]胡适:《胡适自述》,华东师范大学出版社,2013。

[62]梁启超:《清代学术概论》,上海古籍出版社,1998。

[63]张之洞:《劝学篇》,中州古籍出版社,1998。

[64]郑观应:《盛世危言》,辽宁人民出版社,1994。

[65]白吉庵、刘燕云:《胡适教育论著选》,人民教育出版社,1994。

[66]陈旭麓:《陈旭麓文集(第二卷)》,华东师范大学出版社,1997。

[67]董远骞、施毓英:《俞子夷教育论著选》,人民教育出版社,1991。

[68]冯桂芬:《校邠庐抗议》,上海书店出版社,2002。

[69]冯天瑜等:《中华文化史(下)》,上海人民出版社,1990。

[70]高平叔:《蔡元培教育论著选》,人民教育出版社,1991。

[71]高宣扬:《福柯的生存美学》,中国人民大学出版社,2015。

[72]葛兆光:《中国思想史》,复旦大学出版社,2009。

[73]耿云志:《近代中国文化转型研究导论》,四川人民出版社,2008。

[74]郭晓明:《课程知识与个体精神自由——课程知识问题的哲学审思》,教育科学出版社,2005。

[75]黄金麟:《历史、身体、国家:近代中国的身体形成(1895—1937)》,新星出版社,2006。

[76]金观涛、刘青峰:《观念史研究:中国现代重要政治术语的形成》,法律出版社,2009。

[77]金生鈜:《规训与教化》,教育科学出版社,2004。

[78]课程教材研究所:《20世纪中国中小学课程标准·教学大纲汇编:课程(教学)计划卷》,人民教育出版社,2001。

[79]李丽:《科学主义在中国》,人民出版社,2012。

[80]李孝悌:《清末的下层社会启蒙运动:1901—1911》,河北教育出版社,2001。

[81]刘剑:《郭店楚简校释》,福建人民出版社,2003。

[82]刘铁芳:《追寻生命的整全:个体成人的教育哲学阐释》,高等教育出版社,2017。

[83]陆有铨:《躁动的百年——20世纪的教育历程》,山东教育出版社,1997。

[84]吕达:《课程史论》,人民教育出版社,1999。

[85]毛峰:《神秘主义诗学》,生活·读书·新知三联书店,1998。

[86]毛礼锐、沈灌群:《中国教育通史(四)》,山东教育出版社,1989。

[87]任钟印:《世界教育名著通览》,湖北教育出版社,1994。

[88]桑兵:《晚清学堂学生与社会变迁》,学林出版社,1995。

[89]施良方:《课程理论:课程的基础、原理与问题》,教育科学出版社,1996。

[90]宋惠昌:《人的发现与人的解放——近代中国价值观的嬗变》,四川人民出版社,2008。

[91]苏国勋:《理性化及其限制——韦伯思想引论》,上海人民出版社,1988。

[92]田正平、李笑贤:《黄炎培教育论著选》,人民教育出版社,1993。

[93]田正平:《中国教育史研究·近代分卷》,华东师范大学出版社,2009。

[94]田正平:《中外教育交流史》,广东教育出版社,2004。

[95]汪晖、陈燕谷:《文化与公共性》,生活·读书·新知三联书店,1998。

[96]汪晖:《现代中国思想的兴起》,生活·读书·新知三联书店,2008。

[97]汪民安、陈永国、马海良:《福柯的面孔》,文化艺术出版社,2001。

[98]汪子嵩、范明生、陈村富、姚介厚:《希腊哲学史(第二卷)》,人民出版社,1993。

[99]吴汝纶:《吴汝纶全集》,施培毅、徐寿凯校点,黄山书社,2002。

[100]谢立中:《走向多元话语分析:后现代思潮的社会学意涵》,中国人民大学出版社,2009。

[101]熊明安:《中国近现代教学改革史》,重庆出版社,1999。

[102]许涤新、吴承明:《中国资本主义发展史(第二卷)》,人民出版社,1990。

[103]许纪霖、田建业:《杜亚泉文存》,上海教育出版社,2003。

[104]严中平等:《中国近代经济史统计资料选辑》,科学出版社,1955。

[105]张灏:《张灏自选集》,上海教育出版社,2002。

[106]赵祥麟、王承绪:《杜威教育论著选》,华东师范大学出版社,1981。

[107]钟启泉、崔允漷:《新课程的理念与创新——师范生读本》,高等教育出版社,2003。

[108]周勇:《教育空间中的话语冲突与悲剧——中国十一世纪的经验》,教育科学出版社,2004。

[109]朱有瓛:《中国近代学制史料(第一辑上册)》,华东师范大学出版社,1983。

[110]左玉河:《从四部之学到七科之学——学术分科与近代中国知识系统之创建》,上海书店出版社,2004。

报刊论文类

[1] [法]E. G.努扬:《作为谱系学的历史:富科的历史方法》,《国外社会科学》1989年第9期。

[2]陈独秀:《吾人最后之觉悟》,《青年杂志》1916年第6期。

[3]陈独秀:《再论孔教问题》,《新青年》1917年第5期。

[4]周作人:《人的文学》,《新青年》1918年第6期。

[5]胡适:《不朽——我的宗教》,《新青年》1919年第2期。

[6]编辑部:《本志宣言》,《教育杂志》1922年第1期。

[7]常道直:《小学课程之研究》,《教育杂志》1922年号外。

[8]李石岑:《新学制草案评议》,《教育杂志》1922年号外。

[9]庄俞:《对于新学制小学教科目的意见》,《教育杂志》1922年号外。

[10]俞子夷:《小学校的新课程》,《教育杂志》1922年号外。

[11]张君劢:《学生自治:北京平民中学演讲稿》,《教育杂志》1923年第9期。

[12]常道直:《小学教学法概要》,《教育杂志》1924年第1期。

[13]轶:《我们对新教学法应抱的态度》,《教育杂志》1924年第4期。

[14]雷震清:《公民教育概论》,《中华教育界》1926年第6期。

[15]单中惠:《杜威教育思想与近代中国教育》,《纪念〈教育史研究〉创刊二十周年论文集》,2009年。

[16]蔡春、卓进:《谱系学视域中的教育史研究》,《教育学报》2015年第3期。

[17]丁伟志:《“中体西用”论在洋务运动时期的形成与发展》,《中国社会科学》1994年,第1期。

[18]董正华:《从历史发展多线性到史学范式多样化——围绕以“一元多线论为基础的现代化范式”的讨论》,《史学月刊》2004年第5期。

[19]樊洪业:《从“格致”到“科学”》,《自然辩证法通讯》1988年第3期。

[20]高兆明:《论习惯》,《哲学研究》2011年第5期。

[21]葛荣晋:《程朱的“格物说”与明清的实测之学》,《孔子研究》1998年第3期。

[22]龚延明、高明扬:《清代科举八股文的衡文标准》,《中国社会科学》2005年第4期。

[23]郭戈:《兴趣课程观述评》,《课程·教材·教法》2012年第3期。

[24]郝文武:《新读书无用论的根源及其消除》,《中国教育学刊》2009年第9期。

[25]黄兴涛:《“话语”分析与中国近代思想文化史研究》,《历史研究》2007年第2期。

[26]黄忠敬:《课程研究的文化学路向》,《南京师大学报(社会科学版)》2005年第6期。

[27]季国清:《话语实践——哲学研究的新领域、新视角、新方法》,《学海》2000年第4期。

[28]李维武:《中国科学主义思潮的百年回顾》,《哲学动态》1999年第12期。

[29]梁容若:《记范静生先生》,《传记文学》1962年第6期。

[30]罗志田:《中国学术分科的演变》,《光明日报》2002年3月26日。

[31]努杨、高希国:《作为谱系学的历史:福柯的历史方法》,《国外社会科学》1989年第9期。

[32]欧用生:《披着羊皮的狼——校本课程改革的台湾经验》,《全球教育展望》2002年第7期。

[33]曲铁华:《试论一九二二年普通中学的课程改革》,《外国教育研究》1994年第6期。

[34]任晓兰:《张之洞与中国的文化保守主义》,《读书》2012年第6期。

[35]盛晓明:《地方性知识的构造》,《哲学研究》2000年第12期。

[36]石中英:《20世纪教育中的国家主义:回顾与讨论》,《教育学报》2011年第6期。

[37]孙绵涛:《学科论》,《教育研究》,2004年第6期。

[38]孙振东:《教育人性化思潮论略》,《教育学报》2010年第4期。

[39]田薇、胡伟希:《略论严复的天演论道德观及其对中国传统伦理思想的突破》,《教学与研究》2005年第7期。

[40]田正平、商丽浩:《中国教育期刊的现代化特征》,《高等教育研究》2003年第1期。

[41]王策三:《“新课程理念”“概念重建运动”与学习凯洛夫教育学》,《课程·教材·教法》2008年第7期。

[42]吴燕:《晚清上海印刷出版文化与公共领域的体制建构》,《江海学刊》2004年第1期。

[43]肖朗、王鸣:《近代中国科学观发展轨迹探析:以清末民初science概念内涵的演化为中心》,《浙江大学学报(人文社会科学版)》2013年第7期。

[44]肖朗:《异源同流 殊途同归——严复与王国维导入西方教育思想的比较研究》,《华东师范大学学报(教育科学版)》2001年第4期。

[45]熊和平:《课程与身体:微观权力观的视角》,《比较教育研究》2006年第11期。

[46]许纪霖:《现代性的歧路:清末民初的社会达尔文主义思潮》,《史学月刊》2010年第2期。

[47]杨春时:《现代性与现代民族国家在中国的断裂和复合》,《学术月刊》2001年第1期。

[48]衣俊卿:《现代性的维度及其当代命运》,《中国社会科学》2004年第4期。

[49]于伟:《教育观的现代性危机与新路径初探》,《教育研究》2005年第3期。

[50]张楚廷:《教育研究中一个难以无视的问题——教育学最好少说“必须”、“应当”之类》,《教育研究》2010年第2期。

[51]张楚廷:《课程要“回归生活”吗——论课程与生活的关系》,《课程·教材·教法》2010年第5期。

[52]张华:《反思对话教学的技术主义倾向》,《教育发展研究》2011年第20期。

[53]张华:《核心素养与我国基础教育课程改革“再出发”》,《华东师范大学学报(教育科学版)》2016年第1期。

[54]赵婧:《“碎片化”思维与教育研究——托马斯·波克维茨教授访谈录》,《全球教育展望》2012年第10期。

[55]周文杰:《游戏、审美与精神家园》,《哲学研究》2011年第9期。

[56]郭戈:《兴趣课程观述评》,《课程·教材·教法》2012年第3期。

[57]王洪席:《过程课程观的构建研究》,西南大学博士学位论文,2011年。

[58]杨建华:《中国近代教育期刊与近代教育发展:以上海近代教育期刊为例》,华东师范大学博士学位论文,2005年。

[59]杨文海:《壬戌学制研究》,南京大学博士学位论文,2001年。

[60]司洪昌:《嵌入村庄的学校——仁村教育的历史人类学研究》,华东师范大学博士学位论文,2006年。

后记

人活在自己的语言之中，语言是人“存在的家”，人在说话，话在说人。

——马丁·海德格尔

本书修改于八年前完成的博士论文。八年的时间跨度，我从而立之年将至不惑，心态和想法也在发生微妙的变化。这些心态和想法，散落在著作撰写、修改的过程中，把它们拾起来，串在一起，大约就是本书的后记了。不同于八年前论文完成时意气风发、不平则鸣的慷慨，面对世界、人、课程及改革的复杂性，我也日益踌躇起来。人被语言紧紧包裹着，我们在有限的范围内认知、行动，通过言说构筑自我，通过话语影响他人，却又不得不面对言语贫乏、无力和缺少智慧的窘境。这不得不引发一个值得思考的问题：我们的言说意味着什么？置身于人类历史长河，一切言说大约不过是“备此一说”，既让我们自身的生命实践有所凭借，也让相对于他者的生命交往成为可能。

一、一切历史都是当代史

标题所引是意大利历史学家克罗齐(Bendetto Croce)的名言。这句话当然有很深的用意。如果没有过去与当下的视域重合，有关历史的理解就无从说起。甚至再往里说一步，无论“历史”如何客观实在过，离开了当下的精神活动，它也无从显现。对我而言，在本书的前身——我的博士学位论文撰写之中及其后，我多次问自己，究竟是什么样的机缘，让我关注到了近代中国课程这段历史，又是怎样的机缘，让我接触到谱系学，关心权力、知识与身体的复杂关系。克罗齐说：“当代史固然是直接从生活中涌现出来的，被称为非当代史的历史也是从生活中涌现出来的，因为，显而易见，只有现在生活中的兴趣方能使人去研究过去的事实。”①如此来看，对近代中国课程史及“知识—权力—身体”的关注，大约也是缘于彼时的我的某种现实生活的兴趣。

作为出生于20世纪80年代的一员，曾经一度也与“80后”群体一起，被贴上过很多标签。“垮掉的一代”“迷失的一代”等来自20世纪五十六年代人群的评价判断和感受，强加于“80后”群体的身体之上。然而，当“80后”成为研究的对象，被冰冷地剖析与评论时，或许只有身为“80后”的我们自己才能更深刻地感受到，时代变迁所带来的裂痕，是怎样投影在我们的身体之中，带来撕扯与纠缠。面对渐行渐远的传统，我们渴望抓住，却又不得不在“多元”浪潮的冲击下变得艰难与彷徨。传统的消逝、现代性的批判，还有深植于自己身体之中有关宁静与喧嚣、自然与繁华、淡泊与欲望的冲突，一切的一切，都构成了与我们相对简单的成长道路格格不入的精神状态：复杂、矛盾以及无所适从的痛苦。

对近代中国课程的关注，大概正是源自我自己内心的此种需要。我深知，我不仅属于现在与未来，更属于那个漫长的甚至不曾身历的过去。那些根植在我内心深处的冲突与焦虑，似乎早在近代中国的那段历史时空中就已经埋下了种子。岁月更迭，时光荏苒，身体在课程空间中的命运，依然在历史的轨迹上延续并复演。面对新世纪以来的基础教育课程改革，我们一方面看到其高高举起的“自我”“多元”“民主”，另一方面也深感现代课程难以挣脱的“效率”“效果”“技术”隐现其中。这种潜在的分裂与冲突，对于置身其中的“身体”而言，会造就怎样的体验、形塑怎样的认知和行为，自然也是值得探讨的。在有关课程改革的理性、技术的喧嚣中，在西方课程理论霸权式地寻找“注脚”中，本土、历史、理解、对话等，无一例外地陷入了沉默。在沉默中理解喧嚣，是当下踏上历史这片荆棘之地的动因。

二、唤醒个体内心的自觉

大约在进入教育学学习的第十个年头，我忽然就对“教育”产生了深深的怀疑，并引发了不小的挫败感。这份挫败感，既有自己亲身经历的体验，又有来自对日常教育生活的观察。我的爱人是一名中学教师，偶尔我们也会探讨一些教育或教学上的问题。显然，对这一类话题，我在讨论中会更占优势，无论是在关于教育教学的知识或是言辞的技巧上。爱人时常为我

① 〔意〕贝奈戴托·克罗齐：《历史学的理论和实际》，傅任敢译，商务印书馆，2017，第2页。

所言说的道理、观点或做法所折服，这种生活里的微小的成功滋养了我对追求教育之道的信念。然而，时间的残酷在于，它会将一切虚幻的荣耀、自得还原。我时常发现，那些为爱人所认同的道理、观点和做法，并不会变成她自觉的教育教学行动。类似的现象，几乎存在于周边每一个人身上。人与人之间似乎有着很多共通之处，但在一些细微的地方，似乎又存在着永远难以沟通的事物。每个人都是思想上的独行者。

柏拉图(Joseph A.F. Plateau)在《理想国》卷七开头的“洞穴比喻”时常为我所想起。想起的缘由，固然有教化之难的现实困扰，当然也有对自我认知的不自信。课程是安顿个体身体的社会空间，人性幽微复杂，而不同人群构筑的社会，更是时常让人感觉难窥全貌。古人用“盲人摸象”来形容偏见与认知的局限性，于我而言，不过是根据自己有限的经验与认知，试图把握复杂的人、社会及与之相关的课程，更何况还要加上“历史”二字。我固然不能认为自己所形成的一己浅见便是真理。即便当真触碰到了真理的裙脚，也无法奢望它能够妆点别人的人生。每个人在这个世界上都有自己独一无二的“位置”，这些看似相同，却细微有别的“位置”决定他们周遭的“情境”，构建着不同的体验、认知与行动。可以说，每个人的世界都是自足的。一切教化，不过都是自我教化。博士论文《课程改革作为话语实践：基于1923年课程改革的谱系学考察》在申请国家社会科学基金后期资助项目时，题目曾一度改为《现代中国课程的兴起——一种谱系学的考察》。题目里的“一种”当然不是为了表现“自谦”，而是从个体生命世界难以逾越的分隔角度，所有的“考察”“理解”，只能是“一种”而已。

在有关近代中国课程史的研究中，我应该属于“非主流”的那一类。其中有两重含义：一是从研究的专业性及高度而言，在这本专著之前，前辈学者吕达所撰的《课程史论》、陈侠的《近代中国小学课程演变史》等，资料丰富、考辨有力。既有课程理论的高度，又见史学研究的功底。于我而言，无论是课程理论上的见解，还是史学研究的功底，都只能算是“半路出家”。二是从研究的取径及方法上而言，本书颇有“后结构主义”气息的“谱系学”研究策略与方法的运用，似乎更接近于解构而非建构。所幸的是，前辈学者的学术巨作已然建构了关于近代中国课程的主流样貌，无论这本著作的理解如何怪诞离奇，也不过是与此前的诸多研究共建一个关于近代中国课程的言说空间，为人们看待近代中国课程这段历程，提供一种不一样的视角罢了。布鲁姆说：“试图改进人性，是世界上最伟大的蠢事。”[1]作为有关

---

① [美]阿兰·布鲁姆：《巨人与侏儒（1960—1990）》，张辉等译，华夏出版社，2011，第50页。

历史的研究，本书无力为当下的课程改革提供“济世良方”，但在探究的过程中，获得关于自我的觉醒，倒也有“学而不厌”的快乐。

三、谨言慎行中追寻希望

德国诗人歌德(Johann Wolfgang von Goethe)的《浮士德》第一部第四场“书斋”中，有青年慕名前来找浮士德求教。浮士德不想与他见面，魔鬼便装扮成浮士德的样子，回答他的各种问题，并在纪念册上写下：“亲爱的朋友，一切理论是灰色的，唯生命之金树长青。”列宁在《怎样组织竞赛》中引用说：“我的朋友，理论是灰色的，而生活之树是常青的。”[①]面对鲜活、复杂的生活本身，我们既不能不言，但更不能信口开河，妄自尊大。唯有在中国人“道可道，非常道；名可名，非常名”的智慧中，在“道”与“非常道”的张力中，保持言说的审慎与节制。

前两年一位同事与我闲聊关于课程改革及学校变革话题，在谈及层出不穷的、标榜进步的新名词、新概念时，我情不自禁地想起了中国自近代以来开启的百余年的课程改革。有关课程及改革的理论语言越来越精致，一些理论工作者的语气越来越自信。然而，不知道这种精致和自信，是否真的意味着对问题的触碰和与“真理”的距离，比百余年前更紧密、更接近。同事说：“你似乎是一个悲观主义者。”我马上答：“我向来悲观，但积极地生活。”近两年来，说话的欲望越来越少，改变别人的欲望越来越小，但我依然积极地、充满渴望地想要探究些什么，想让自己真正融入真正属于中国人自己的课程实践中，试着理解其中蕴含着的“道”。行文至此，我突然想起了自己多年前一直想要表达的“解释取向的课程论研究”，其深层的意蕴大约在于，我们只能朝向有关课程的大道敞开自我，绝不能扮演掌握真理的上帝。

关于课程研究，乃至教育研究，我始终认为它既有人文科学的面向，也有社会科学乃至自然科学的面向。然而，如果一定让我在三者之中择其唯一，我定会舍弃后者，选择人文科学的理解。毕竟，失去了精神、价值、情感的课程研究和教育研究，大约真的就只是空洞而苍白的文字游戏。后退一步想，自己近两年的沉默、审慎与克制，又何尝不是因为在自己的心中还存有对真理、生命的敬意与爱意，还存有对未来和美好的期许和坚信。

幸运如我，多年的岁月磨砺之后，依然有一颗柔软的心。谨以此书献

① 中共中央马克思恩格斯列宁斯大林著作编译局：《列宁选集(第三卷)》，人民出版社，1995，第381页。

给我的导师范蔚教授，这本修改于博士论文的专著，有您多年在学术和人生道路上的引领。同时，还要将此书献给所有关心、支持我的师友，献给生我育我的父母，献给默默陪伴我的爱人，献给我两个天真可爱的儿子。是你们的爱，与我对你们的爱相互交织，构筑了我生活的美好，滋养着我内心的柔软。所谓的教育，不过是将人与人之间的爱，扩展至万事万物、代代传承的过程吧。

作者简介

叶波，1984年出生于安徽无为，湖南师范大学教育科学学院教授、博士生导师、教育学系主任。全国课程论学术委员会常务理事，全国教学论专业委员会理事，主要从事基础教育课程改革、课程史相关研究。在《教育研究》《课程·教材·教法》《教育学报》等发表文章40余篇，主持国家社会科学基金后期资助项目“现代中国课程的兴起——一种谱系学的考察”等课题。